Serie de Teoría Jurídica y Filosofía del Derecho n.º 73

Prusia contra el Reich ante el Tribunal Estatal

La sentencia que enfrentó a Hermann Heller, Carl Schmitt y Hans Kelsen en Weimar

    Prusia contra el Reich ante el Tribunal Estatal : la sentencia que enfrentó a Hermann Heller, Carl Schmitt y Hans Kelsen en Weimar / editora Leticia Vita. -- Bogotá : Universidad Externado de Colombia, 2015. -- (Teoría Jurídica y Filosofía del Derecho ; número 73)
    251 páginas ; 16,5 cm.

Incluye bibliografía.

ISBN: 9789587723540

1. Schmitt, Carl, 1888-1985 -- Crítica e interpretación 2. Heller, Hermann, 1891-1933 -- Crítica e interpretación 3. Kelsen, Hans, 1881-1973 -- Crítica e interpretación 4. Filosofía del derecho 5. Filosofía de la democracia 6. Estado de derecho 7. Guerra mundial II, 1939-1945 -- Aspectos jurídicos -- Alemania 8. Derecho constitucional 9. Alemania -- Historia constitucional 10. Alemania -- Derecho constitucional I. Vita, Leticia, editora **II.** Universidad Externado de Colombia. **III. Serie**

340.1   SCDD 15

Catalogación en la fuente -- Universidad Externado de Colombia. Biblioteca - EAP

Agosto de 2015

Leticia Vita
(editora)

Prusia contra el Reich ante el Tribunal Estatal
La sentencia que enfrentó a Hermann Heller, Carl Schmitt y Hans Kelsen en Weimar

Universidad Externado de Colombia

Serie orientada por Carlos Bernal Pulido

ISBN 978-958-772-354-0

© **2015, LETICIA VITA (editora)**
© **2015, UNIVERSIDAD EXTERNADO DE COLOMBIA**
Calle 12 n.º 1-17 este, Bogotá
Tel. (57-1) 342 0288
publicaciones@uexternado.edu.co
www.uexternado.edu.co

Primera edición: septiembre de 2015

Ilustración de cubierta: *Leipzig*. Edificio que fue sede del *Reichsgericht*, hoy en día Tribunal Administrativo Federal de Alemania (*Bundesverwaltungsgericht*)
Composición: Marco Robayo

CONTENIDO

AGRADECIMIENTOS

La editora agradece a Carlos Bernal Pulido y a la Editorial de la Universidad Externado de Colombia por la aceptación de este proyecto. También a Laura Clérico y a Jan Sieckmann por su ayuda para realizar esta edición, y a Federico De Fazio, por su lectura atenta. Tanto las traducciones de los documentos como el trabajo de investigación sobre los mismos fueron posibles gracias a una beca de investigación posdoctoral financiada por el Ministerio de Educación de la República Argentina y el Servicio Alemán de Intercambio Académico (DAAD). La investigación se desarrolló en el Instituto Max Planck de Historia del Derecho Europeo de Frankfurt am Main, a cuyo director, Thomas Duve, debo también la posibilidad de acceder a la información y los recursos necesarios para realizarla.

PRÓLOGO

La obra que edita Leticia Vita es un eslabón más en la línea de investigación que comenzó con el tema de su tesis de doctorado: *La legitimidad del Derecho y del Estado en el pensamiento jurídico de la República de Weimar: el concepto de legitimidad en Hans Kelsen, Carl Schmitt y Herman Heller*, defendida el 23 de marzo de 2012, en la Facultad de Derecho de la Universidad de Buenos Aires, y su director de tesis el profesor catedrático Aníbal Américo D´Auria. Este trabajo fue recientemente publicado por la Editorial de la Universidad de Buenos Aires y distinguido con *suma cum laude,* recomendado para su publicación y para el premio Facultad.

Leticia Vita es jurista y politóloga. Prueba de ello es la calidad de sus obras: basta leer el trabajo introductorio a los documentos de valor histórico y actual que contiene este libro.

Ella incluye aquí la primera traducción al castellano de la sentencia del Tribunal Estatal de Leipzig del 25 de octubre de 1932, que tenía por objeto examinar si estaban dadas las condiciones formales y materiales que establecía la Constitución de Weimar en su artículo 48, incisos 1 y 2, para habilitar la emisión de un decreto del Reich para intervenir un Estado federado, en el caso, Prusia. Asimismo, incluye tres escritos que dan cuenta de lo que realmente se discutía en el caso: HERMANN HELLER, "Ist das Reich verfassungsmässig vorgegangen?" ("¿Ha procedido el Reich constitucionalmente?"); CARL SCHMITT, "Schlußrede vor dem Staatsgerichtshof in Leipzig" (Discurso de clausura ante el Tribunal Estatal en Leipzig); y HANS KELSEN, "Das Urteil des Staatsgerichtshofs vom 25. Oktober 1932" (La sentencia del Tribunal Estatal del 25 de octubre de 1932).

La publicación en castellano de esta sentencia y de los tres escritos de HELLER, SCHMITT y KELSEN, respectivamente, tiene un doble propósito. Por un lado, se trata de la recuperación de un documento histórico no accesible al público de habla hispana. Por el otro lado, la disputa sobre el contenido de esta sentencia le permite a LETICIA VITA volver sobre el pensamiento de los tres juristas más importantes de la época de Weimar: HERMANN HELLER, HANS KELSEN y CARL SCHMITT. Este es un eslabón más en la línea de investigación que engarza con su trabajo de doctorado. En su tesis, el objetivo general era "determinar cuál es el concepto de legitimidad del Estado y del derecho que tienen los juristas de la época de Weimar, HANS KELSEN, CARL SCHMITT y HERMAN HELLER, y el vínculo de ese concepto con las nociones de democracia que los tres sostienen". Su *hipótesis de trabajo* sostenía que la respuesta que cada uno de los tres autores defendía se derivaba de sus concepciones de democracia. KELSEN, como reflejo de su concepción de legitimidad formal, sostiene una concepción de democracia formal; SCHMITT desarrolla su concepción de legitimidad decisional a una concepción de democracia plebiscitaria/dictatorial; HELLER vincula su concepción de legitimidad material (relacionada con la correspondencia con principios éticos de la comunidad de cultura) con la de democracia social. Ahora, LETICIA VITA, además de editora, incluye un artículo que nos invita –en el estudio introductorio de este libro– a poner a prueba las concepciones de democracia de los tres autores, respectivamente, con sus concepciones de control de constitucionalidad y de interpretación constitucional en el contexto de una constitución transformadora: la Constitución de Weimar. Un texto que consagraba el Estado social de derecho. Allí ella encuentra un punto de análisis innovador. Si bien son conocidas las disputas de KELSEN y SCHMITT acerca de quién debe ser el defensor/guardián de la Constitución, como también sus concepciones sobre interpretación del derecho, no es el caso de la teoría de HERMANN HELLER sobre estos puntos. Es sabido que existe una amplia recepción de la obra de HELLER en discusión junto con la de KELSEN y SCHMITT sobre Teoría del Estado. Sin embargo, ¿cuántas obras conocen los lectores sobre la concepción helleriana de las normas de derecho constitucional, interpretación constitucional, control de constitucionalidad? Seguramente pocas. Sin embargo, el autor tenía, para la época, concepciones innovadoras que hoy suenan muy contemporáneas. También LETICIA descubre en la obra de HELLER la concepción de principios como mandatos de optimización, tesis cercana a la obra de ROBERT ALEXY[1]. En cuanto a la interpretación del derecho constitucional, HELLER no es un escéptico. Los escritos sobre el caso demuestran que interpreta el derecho constitucional de Weimar desde la perspectiva del participante, de quien se toma en serio el juego del derecho. Por ello, sostiene y defiende que los jueces deben interpretar las normas del artículo 48 con la mejor claridad; es decir, aquella que irradian esos textos puestos a la luz de los principios estructurantes de la Constitución de Weimar, el principio de democracia social y el principio de federalismo. A su vez, para justificar el mejor sentido que debe otorgarse a esas normas, HELLER justifica la interpretación del artículo 48 por él propuesta aplicando el principio de proporcionalidad en el ámbito del derecho público constitucional. Sostiene de esta manera que la interpretación constitucional que habilita la intervención federal no está justificada, no logra su mejor resplandor, pero sí existe otra que protege de mejor manera los principios de democracia social y federalismo, principios estructurantes de la Constitución de Weimar.

---

1   LETICIA VITA, "Hermann Heller's theory of principles and its significance for constitutional interpretation", conferencia presentada en el Seminario de Investigación del profesor JAN SIECKMANN en la Universidad de Erlangen/Nürnberg, 2014, y en la VI International Conference "Theoretical Applied Ethics. Traditions and Prospects", en la Universidad de San Petersburgo, en noviembre de 2014.

También la editora recupera para el público de habla hispana el escrito de HANS KELSEN que comenta la sentencia de 1932. KELSEN hace un análisis crítico de la misma. Sin embargo, sostiene que el principal problema está en la ingeniería constitucional de Weimar: "la raíz del mal se encuentra en la deficiencia técnica de la Constitución de Weimar". Coherente con sus escritos, esas deficiencias se dan en dos puntos. Por un lado, el texto de Weimar no establece una "jurisdicción constitucional perfeccionada metódicamente". Por otro lado, el defecto se encuentra en la formulación del enunciado normativo que otorga competencia al Reich para la intervención federal de un Estado federado. La imprecisión genera una doble discrecionalidad, por una parte, para el órgano ejecutor; por otra, para el órgano llamado a controlar el ejercicio de esta competencia. Las palabras de KELSEN son aplicables a varias normas constitucionales actuales que otorgan competencias a órganos ejecutivos sin determinar con claridad y en forma restrictiva las condiciones de aplicación. En palabras de KELSEN: "este otorga al Presidente del Reich el derecho de tomar medidas para el restablecimiento de la seguridad y el orden, y el de intervenir en la competencia de los Estados federados, sin limitar esa intervención de forma inequívoca. La determinación de ese límite, importante y decisiva para toda la estructura de la Constitución, es trasladada a una ley de ejecución. La consecuencia de esa técnica jurídica es que mientras la ley de ejecución no esté promulgada, en una de las cuestiones esenciales de la Constitución, como es

hasta qué punto la competencia de un Estado federado puede ser transferida al Reich, reina una facultad
discrecional sin restricciones en los órganos que deben
aplicar el artículo". En suma, si HELLER se ocupa y
preocupa por la defensa de la Constitución de Weimar
en dos frentes: el político y el judicial, KELSEN no deja
de advertir que una condición necesaria –aunque no
suficiente– está en la ingeniería constitucional. Con
esto LETICIA VITA logra romper el carácter dicotómico
(KELSEN *vs* SCHMITT) con que se suele recrear la disputa
acerca de quién debe ser el defensor de la Constitución, incluyendo en el debate a un HELLER no ingenuo
(porque sabe que la Constitución es disputa política,
de ahí la importancia que LETICIA VITA le otorga a
recrear el contexto de Weimar y la participación de
HELLER y GUSTAV RADBRUCH, entre otros, en la política
de la época), pero a su vez no escéptico en materia de
interpretación constitucional (a pesar de saber de
la ideología política conservadora y monárquica
de la mayoría del Tribunal), HELLER le apuesta a las
razones y a los principios jurídicos para demostrar
que la interpretación constitucional no es meramente
una cuestión de ejercicio de poder desnudo.

La editora nos muestra, en el trabajo introductorio,
un camino metodológico para lograr nuevas interpretaciones de un documento de época (la sentencia) y de las interpretaciones acercadas por los tres
autores sobre la cuestión en debate: a) reconstruir
el contexto ("horizonte de sentido") desde el cual
ellos desarrollan sus teorías. Este contexto se refiere
especialmente al histórico institucional e ideológico,

así como a los perfiles de quienes conformaban la academia constitucional en la época de Weimar y la conformación del tribunal llamado a resolver el caso, en su mayor parte, representantes de un modelo de justicia conservadora-burguesa contrarios a un modelo de justicia social[2]; b) identificar las bases filosóficas de las que se nutren las tres posiciones y, a su vez, trazar los compromisos políticos que adoptaron los tres autores; c) determinar las concepciones de democracia; d) demostrar las proyecciones de las discusiones de teoría jurídica y política que se dieron en Weimar para abordar problemas actuales: interpretación constitucional, papel del control de constitucionalidad en el marco de una Constitución transformadora, estructura de las normas de derecho constitucional como reglas y principios.

El tema del estudio introductorio de Leticia Vita y del libro sigue siendo de especial interés para el contexto actual. Si el trabajo de David Dyzenhaus[3] sobre legalidad y legitimidad en Schmitt, Kelsen y Heller en Weimar, por un lado, y el de Arthur Jacobson y

---

2   Sobre ambos modelos de justicia, ver Boaventura de Sousa Santos, *Sociología jurídica crítica. Para un nuevo sentido común en el derecho*, Madrid, Trotta / Ilsa, 2009. En el estudio introductorio, Leticia Vita realiza una amplia y detallada referencia a los trabajos que tienen como objeto a la justicia en Weimar.

3   David Dyzenhaus, *Legality and Legitimacy: Carl Schmitt, Hans Kelsen and Hermann Heller in Weimar*, Oxford, Oxford University Press, 1999.

BERNHARD SCHLINK[4], por el otro, sacuden argumenta-
tivamente la academia anglosajona y europea acerca
de la actualidad de las discusiones en Weimar, para
echar luz sobre las discusiones actuales, LETICIA VITA,
siguiendo esta línea de investigación argumentativa,
lo hace para el mundo de habla hispana, en el sentido marcado también por CARLOS MIGUEL HERRERA[5] y
RODOLFO ARANGO[6], entre otros. En todos estos autores
hay una constante. Si bien todos trabajan alrededor de
los tres autores de Weimar, se inclinan por remarcar
la potencialidad de la obra de HERMAN HELLER para
encarar los desafíos actuales en donde la legitimidad
del Estado y las concepciones de democracia desea-
bles no pueden eludir el desafío de la igualdad y en
clave de un derecho social. Más allá del contexto de
los autores estudiados, en la actualidad son varios
los que sostienen, en palabras de ZYGMUNT BAUMAN,
en *Daños Colaterales. Desigualdades sociales en la era
global*[7], que "un Estado político que rehúsa ser un
Estado *social* puede ofrecer poco y nada para rescatar
a los individuos de la indolencia o la impotencia. Sin
derechos sociales para todos, un inmenso y sin duda

---

4   ARTHUR JACOBSON y BERNHARD SCHLINK, *Weimar: a jurisprudence
     of crisis*, Berkeley, University of California Press, 2000.
5   CARLOS MIGUEL HERRERA, *Derecho y socialismo en el pensamiento
     jurídico*, Bogotá, Universidad Externado de Colombia, 2002.
6   RODOLFO ARANGO, *Democracia social. Un proyecto pendiente*,
     México, Fontamara, 2012.
7   ZYGMUNT BAUMAN, *Daños colaterales. Desigualdades sociales en la
     era global*, Madrid, Fondo de Cultura Económica, 2011.

creciente número de personas hallará que sus derechos políticos son de escasa utilidad o indignos de su atención. *Si los derechos políticos son necesarios para establecer los derechos sociales, los derechos sociales son indispensables para que los derechos políticos sean 'reales' y se mantengan vigentes.* Ambas clases de derechos se necesitan mutuamente para su supervivencia, y esa supervivencia sólo puede emanar de su realización conjunta". Y continúa BAUMAN: "el Estado social ha sido la encarnación moderna suprema de la idea de comunidad; es decir, de la reencarnación institucional de esa idea en su forma moderna de 'totalidad imaginada': un entramado de lealtad, dependencia, solidaridad, confianza y obligaciones recíprocas. Los derechos sociales son, por así decir, la manifestación tangible, 'empíricamente' dada, de la totalidad comunitaria imaginada (…), que vincula esa noción abstracta a las realidades diarias, enraizando la imaginación en el suelo fértil de la experiencia cotidiana. Estos derechos certifican la veracidad y el realismo de la confianza mutua, de persona a persona, y de la confianza en el marco de una red institucional compartida que respalda y valida la solidaridad colectiva" (pp. 24-25). La presencia del aparato teórico helleriano se encuentra en BAUMAN: comunidad, cultura, principios estructurantes de la sociedad y del derecho, valores –en especial el de la solidaridad–, condiciones materiales que hacen posible la democracia. No en vano LETICIA VITA caracteriza a HELLER como el (o uno de los) padre(s) del Estado social de derecho y del socialismo jurídico. Es en este sentido que este escrito nos propone revisitar la teoría de HELLER con el fin de recuperar para la discusión actual los eslabones menos visitados de su obra: sus notas sobre interpretación constitucional, el papel que deben cumplir los principios estructurantes del derecho en la interpretación constitucional, la inclusión de los principios en el derecho, cuál debe ser la función del control de constitucionalidad en la defensa de una Constitución que consagra el Estado social de derecho. Por todo ello, es bienvenido el trabajo como editora realizado por LETICIA VITA, de la misma manera que la decisión del Comité Editorial de la Universidad Externado de apoyar la publicación de este texto, que combina un minucioso trabajo de archivo, de interpretación y, a su vez, un rico conjunto de interpretaciones y consideraciones novedosas para la teoría constitucional, la teoría del derecho y la ciencia política.

Doctora LAURA CLÉRICO
Profesora de Derecho Constitucional

LOS JURISTAS DE WEIMAR ANTE LA SENTENCIA
DEL TRIBUNAL ESTATAL DE LEIPZIG

Leticia Vita[1]

PRELIMINARES

Esta edición se compone de la primera traducción al español de la sentencia del Tribunal Estatal de Leipzig del 25 de octubre de 1932 y de los comentarios sobre la sentencia y los hechos que la antecedieron de tres de los juristas más importantes de la época de Weimar: Hermann Heller, Carl Schmitt y Hans Kelsen. El texto de la sentencia y las deliberaciones que la precedieron fueron publicados originalmente en el año 1933, con el título *Preussen contra Reich vor dem Staatsgerichtshof (Prusia contra Reich ante el Tribunal Estatal)* por la editorial J.H.W. Dietz Nachfolger, en Berlín. Lo que en un principio fuera transcrito sólo con el fin de registrar el proceso, fue publicado luego

---

1   Doctora en Derecho Político por la Universidad de Buenos Aires. Profesora Adjunta de Teoría del Estado en la Facultad de Derecho de la Universidad de Buenos Aires. Investigadora Adscrita al Instituto de Investigaciones Jurídicas y Sociales A. L. Gioja, Facultad de Derecho, Universidad de Buenos Aires.

en forma de libro, debido al interés que despertaron estos acontecimientos en la opinión pública y especialmente en políticos, estadistas y juristas, que si bien siguieron el proceso por la prensa, querían acceder a los documentos del proceso. Afortunadamente para los estudiosos del derecho, la de Prusia contra Reich no es sólo la disputa constitucional más importante de la historia constitucional alemana reciente entre el Reich y uno de los Estados Federados, sino que fue además la mejor documentada.

El texto editado en Berlín tiene un prólogo escrito en diciembre de 1932 por ARNOLD BRECHT, funcionario comprometido con la República y jefe de la representación de la parte actora durante el proceso. Junto con la sentencia, se publicaron además las versiones taquigráficas de las deliberaciones que tuvieron lugar frente al Tribunal Estatal los días 10, 11, 12, 13, 14 y 17 de octubre de 1932. Estas versiones circularon entre las partes interesadas que no hicieron objeciones sobre las mismas. Es interesante que en la edición de 1932 se incluyen también el texto del decreto y las fundamentaciones dadas por PAPEN tanto en la prensa como en la radio, el mismo 20 de julio[2].

Los otros tres textos que incluimos en esta edición en español pertenecen a tres momentos distintos del proceso ante el Tribunal Estatal. El artículo de HERMANN

---

2   Una traducción al inglés del decreto se encuentra en ARNOLD BRECHT, *Prelude to silence. The end of the german republic*, New York, Oxford University Press, 1944.

HELLER fue publicado el 10 de agosto de 1932 en el *Frankfurter Zeitung*[3], es decir, después de los hechos del 20 de julio, pero antes de la sentencia definitiva del 25 de octubre. El artículo de SCHMITT titulado *"Schlußrede vor dem Staatsgerichtshof in Leipzig"* (*Discurso de clausura ante el Tribunal Estatal en Leipzig*) fue incluido en el libro de 1940 *Positionen und Begriffe im Kampf mit Weimar-Genf-Versailles (1923-1939)*[4], pero es la transcripción del alegato final pronunciado por SCHMITT durante el mismo proceso en Leipzig. El comentario de KELSEN, por su parte, fue publicado después de la sentencia, porque precisamente expresa su juicio sobre ella, y apareció con el título *"Das Urteil des Staatsgerichtshofs vom 25. Oktober 1932"*, en diciembre de 1932, en la prestigiosa revista *Die Justiz*, fundada, entre otros, por GUSTAV RADBRUCH[5]. Así, los tres textos se refieren a los hechos del proceso y al proceso mismo, pero tienen distintos destinatarios. Mientras que los de HELLER y SCHMITT se dirigen no solamente a la academia, sino también a los jueces, que por entonces potencialmente

---

3   HERMANN HELLER, "ist das Reich verfassungsmässig vorgegangen?", en *Frankfurter Zeitung*, 77, Jg. Nr. 591-592, N.° 10, agosto de 1932, Abendblatt-Erstes Morgenblatt, pp. 1-2.

4   CARL SCHMITT, *Positionen und Begriffe im Kampf mit Weimar-Genf-Versailles (1923-1939)*, Berlín, Duncker & Humblot, 1940.

5   HANS KELSEN, "Das Urteil des Staatsgerichtshofs vom 25. Oktober 1932", *Die Justiz*, November/Dezember, VIII Band, Heft 2/3, 1932, pp. 65-91. Sobre la revista y su trayectoria en la República de Weimar, ver THEO RASEHORN, *Justizkritik in der Weimarer Republik. Das Beispiel der Zeitschrift "Die Justiz"*, Frankfurt am Main-New York, Campus Verlag, 1985.

o efectivamente decidirían en la causa, KELSEN se dirige con su comentario a la academia y a eventuales legisladores constituyentes.

La elección de estos documentos para su traducción y edición al público de habla hispana obedece a tres razones. La primera es que la sentencia Prusia contra Reich, pese a su trascendencia y pertinencia respecto de los acontecimientos que terminaron con la democracia en Weimar, es poco conocida en nuestra academia y no ha sido traducida hasta ahora a otros idiomas. Así, la inclusión de este documento, tan importante para la historia constitucional alemana, pero hasta ahora más citado que conocido, pretende ser un aporte para la reflexión histórico-constitucional no alemana.

El segundo motivo es el de sumar una tercera y nueva voz al clásico, pero dicotómico, debate sobre la defensa de la Constitución: la de HERMANN HELLER. Muchísimo se ha escrito acerca de la oposición entre KELSEN y SCHMITT en esta cuestión, pero poco se ha dicho de posturas alternativas a la de los dos juristas, que en el caso de Prusia contra Reich, la encontramos encarnada en HELLER. Nuestra intensión es la de romper con el dualismo KELSEN-SCHMITT, para enriquecer el debate sobre la defensa de la Constitución desde una tercera posición democrática y social.

Finalmente, introducir al debate hispano y latinoamericano los argumentos de Weimar tiene también una intencionalidad política. Las de Weimar no son solo, como se suele destacar, lecciones para la defensa de la democracia, sino también para la democracia social. La Constitución de Weimar fue mucho más que una Constitución "fallida". Es una de las primeras Constituciones en diseñar un derecho constitucional con contenido social. Es una de las primeras en pensar un Estado en contradicción con el Estado puramente liberal. Es por eso que las "lecciones" de Weimar, y especialmente aquellas de su teoría constitucional, son tan valiosas para un presente tan desigual como el nuestro. ¿Es posible una teoría constitucional de impronta social?[6] Tal vez Weimar y su teoría constitucional sea una herramienta para pensar en ese sentido.

1. EL *PREUSSENSCHLAG* Y EL DERRUMBE DE WEIMAR

Se ha dicho que lo asombroso no es que la República de Weimar cayera, sino que lograra resistir durante catorce años[7]. Su historia da cuenta de muchísimos desafíos que la República tuvo que enfrentar desde sus inicios hasta la aparentemente inevitable caída. La experiencia de Weimar fue fruto de la derrota

---

6 La cuestión del constitucionalismo social y los derechos sociales en América Latina no es un debate nuevo en nuestro continente. Ver, entre otros, los trabajos de RODOLFO ARANGO al respecto, por ejemplo: RODOLFO ARANGO, *Derechos, constitucionalismo y democracia*, Bogotá, Universidad Externado de Colombia, 2004; RODOLFO ARANGO, *El concepto de derechos sociales fundamentales*, Bogotá, Legis, 2005, y RODOLFO ARANGO, *Democracia social. Un proyecto pendiente*, México, Fontamara, 2012.

7 HAGEN SCHULZE, *Breve historia de Alemania*, Madrid, Alianza, 2007, p. 169.

alemana en la primera guerra. Los socialdemócratas asumieron la tarea que nadie quería: la de reconstruir un país derrumbado. Por lo tanto, la República no nació por voluntad de los partidos políticos o de un parlamento, sino como la última salida de un Estado Mayor que ya no sabía qué hacer[8]. Así fue como el Partido Socialdemócrata Alemán (en adelante SPD) asumió la responsabilidad de construir una alternativa democrática y, algo de no menor importancia, fue el responsable de negociar un armisticio sin haber sido directo responsable de la situación de guerra. Es por eso que podemos afirmar que el final de la guerra significó en realidad el inicio de la crisis[9].

Si bien se suele señalar el periodo comprendido entre 1924 y 1928 como los años de una breve y pasajera estabilidad política y económica en Weimar, lo cierto es que el desastre económico que se desencadenó como consecuencia de la caída de la bolsa de Wall Street se sumó a los embates políticos que tuvieron lugar con la disolución del gabinete de amplia coalición del canciller del SPD, HERMANN MÜLLER. En 1925 había fallecido el primer presidente de la República,

---

8   HAGEN SCHULZE, *Breve historia de Alemania*, Madrid, Alianza, 2007, p. 162.

9   La derrota puso de manifiesto el callado desplazamiento del equilibrio de poder que había tenido lugar a espaldas del Estado imperial en el curso de la rápida industrialización de Alemania: grandes masas de soldados y trabajadores negaron su obediencia a sus fracasadas capas dirigentes. NORBERT ELIAS, *Los Alemanes*, Buenos Aires, Nueva Trilce, 2009, p. 197.

el socialdemócrata FRIEDRICH EBERT, y por una escasa
mayoría ganó en las elecciones presidenciales el ma-
riscal de campo PAUL VON HINDENBURG. De avanzada
edad y pocos conocimientos políticos, HINDENBURG se
rodeó de asesores y les confió demasiado, y aunque
su voluntad era la de respetar la República y sus instituciones, su desempeño como Jefe de Estado dejó
mucho que desear[10]. Hacia finales de 1929, los sectores
industriales, el presidente PAUL VON HINDENBURG y las
Reichswehr (fuerzas militares) habían emprendido
la búsqueda de un reemplazante para el canciller
MÜLLER. El nuevo canciller provenía del *Zentrum*:
HEINRICH BRÜNING. Fue quien inauguró el periodo
conocido como *Präsidialregierung*, durante el cual el
Parlamento nunca más logró formar una mayoría
y el Presidente del Reich gobernó mayormente por
medio de los decretos habilitados por el artículo 48
de la Constitución[11].

_____

10 Sobre HINDENBURG, ver la reciente biografía: WOLFRAM PYTA,
   Hindenburg. Herrschaft zwischen Hohenzollern und Hitler, Múnich,
   Siedler, 2007.
11 Recordemos que la de Weimar era una República semiparla-
   mentaria. Esto es, contaba con un Jefe de Estado –Presidente–,
   elegido directamente por la población, y con un Jefe de Gobierno –Canciller–, elegido por el Parlamento. En virtud de
   las importantes atribuciones que le otorgaba la Constitución,
   el Presidente estaba facultado para disolver el *Reichstag* o Parlamento, y cuando éste no lograba acuerdo para nombrar a un
   Canciller, podría hacerlo el mismo Presidente. Así es como, en
   1933, HINDENBURG nombra a HITLER como Canciller.

El avance del partido nazi ya era entonces una realidad. El Parlamento fue disuelto nuevamente, y en las elecciones del 14 de septiembre de 1930, los nazis obtuvieron un 18,3 % frente al 2,6 % que habían logrado en 1928. Esta tendencia electoral se vio reforzada en las elecciones presidenciales de marzo de 1932. En ellas HINDENBURG fue reelegido, logrando, en primera vuelta, un 49,6 % de los votos, seguido de HITLER, con un 30,1 %. Como no logró la mayoría absoluta, tuvo que someterse a una segunda vuelta, en la que obtuvo un 53 % frente al 36,8 % de HITLER[12]. Estas elecciones demostraban que los nazis eran la primera fuerza de la derecha política del país. De ahí sólo quedaba presenciar su llegada al poder y la caída de la República.

En efecto, pese a algunos intentos por frenar el poderío del NSDAP (como la prohibición de las S.A. y S.S. de abril de 1932), el entorno de HINDENBURG, liderado por KURT VON SCHLEICHER, jefe militar muy cercano al anciano presidente y quien sería Ministro de Defensa y luego el último canciller de HITLER, actuaba en la

---

12 CLAUDE KLEIN, *De los espartaquistas al nazismo: la República de Weimar*, Barcelona, Península, 1970. En esas elecciones, HINDENBURG ya contaba con 84 años y se evidenciaba su dependencia del entorno a la hora de tomar decisiones. BRÜNING colaboró activamente en la campaña y tuvo mucho que ver con su reelección, sin embargo, no pudo mantener esa confianza de parte del viejo presidente y fue recomido al poco tiempo. ERICH EYCK, *A History of the Weimar Republic,* Nueva York, Atheneum, 1970, pp. 350 y ss.

dirección contraria. En efecto, VON SCHLEICHER logró
que el 30 de mayo HINDENBURG se librara de BRÜNING y
apoyara el nombramiento de FRANZ VON PAPEN. PAPEN
era un militante conservador del partido centrista, que
nombró un gabinete compuesto exclusivamente por
representantes de la aristocracia rural[13]. El vínculo entre
PAPEN y HITLER se fue consolidando: el primero satisfizo
las exigencias de HITLER, derogando la prohibición de
las S.A. y disolviendo el *Reichstag*. Y como veremos, el
20 de julio de ese año, HINDENBURG firmó (a instancias
de PAPEN y VON SCHLEICHER) un decreto de necesidad
y urgencia por el cuál intervenía el Estado Federado
de Prusia, el más grande de todo el territorio alemán
y último bastión de la socialdemocracia en Weimar.
El camino para el NSDAP estaba totalmente allanado.

¿Qué importancia tuvieron estos hechos del 20
de julio de 1932 para los últimos años de la República? ¿Cuáles fueron los efectos institucionales del
accionar de HINDENBURG y la avanzada de PAPEN?
¿Qué consecuencias tuvo la respuesta "legalista" de

---

13 RUTH HENIG destaca que FRANZ VON PAPEN era miembro del
partido católico *Zentrum*, pero su experiencia política se reducía
al *Landtag* prusiano. Lejos de ser un típico funcionario de la
República, era un aristócrata adinerado, antiguo integrante de
la caballería, que creía que el gobierno debía volver a manos
de los caballeros, la nobleza y los grandes terratenientes. Su
gabinete, por lo tanto, no incluía ni un sólo miembro de la
clase media. Su nombramiento se debió mayormente a la
recomendación que de él hiciera un antiguo camarada: KURT
VON SCHLEICHER. RUTH HENIG, *The Weimar Republic 1919-1933*,
Nueva York, Routledge, 2002.

los socialdemócratas? Existe cierto consenso en la literatura especializada en identificar en el llamado *"Preußenschlag"* o golpe de Estado de Prusia el punto de no retorno de la destrucción de la democracia en Weimar[14]. La relevancia jurídico-institucional que tuvieron los hechos y luego el proceso ante el Tribunal Estatal se puede apreciar en las publicaciones de la época, especialmente las revistas jurídicas como el *Deutsche Juristen-Zeitung, Die Justiz* o el *Archiv des Öffentlichen Rechts*[15], que se hicieron eco de los dilemas que planteaba la avanzada de HINDENBURG tanto para criticarla como para justificarla. Tal vez lo más significativo del golpe en Prusia sea que el caso involucra gran parte de los conflictos no resueltos por la República en 1919: la relación entre Prusia y el Reich, el federalismo, los poderes del Presidente del Reich.

En efecto, la relación entre el Reich y el Estado Federado de Prusia no tenía buenos antecedentes, algo que tampoco la Constitución de 1919 había podido resolver[16]. Prusia disfrutaba de una clara posición de

---

14 Por ejemplo, MICHAEL STOLLEIS, *Geschichte des öffentlichen Rechts in Deutschland. Weimarer Republik und Nationalsozialismus,* Múnich, C.H. Beck Verlag, 2002; TIM KIRKAND y ANTHONY McELLIGOTT (eds.), *Opposing Fascism. Community, Authority and Resistance in Europe,* Cambridge, Cambridge University Press, 2004, p. 38.

15 JOHANNES HECKEL, "Das Urteil des Staatsgerichtshofs vom 25.10.1932 in dem Verfassungsstreit Reich-Preußen", en *Archiv des Öffentlichen Rechts,* Bd. 23, 1933, pp. 183 y ss.; CARL BILFINGER, "Reichsexekution", *Deutsche Juristen-Zeitung,* Heft 2, 1933, pp. 146-150.

16 Pese a los intentos de PREUSS con un primer borrador de fuertes

supremacía en el seno del Reich. Su extensión territorial abarcaba aproximadamente la mitad del territorio alemán y en él residía la mayoría de la población del país. Su riqueza económica y su posición política, además, creaban una situación de desequilibrio en relación con el resto de los Estados Federados, que también se replicaba en lo político. Desde la fundación misma de la República de Weimar, los socialdemócratas habían gobernado casi sin interrupción en esta provincia, lo cual generaba una notable estabilidad política, en comparación con el Reich y los otros Estados Federados.

Sin embargo, con las elecciones al Parlamento prusiano de abril de 1932, esta situación de estabilidad cambió. Quedaron en minoría los socialdemócratas, que se vieron obligados a dimitir, permaneciendo, no obstante, como gobierno interino en funciones, ya que ni comunistas ni nacionalsocialistas –cuyos votos unidos formaban mayoría– se ponían de acuerdo para dar su confianza a un nuevo Gobierno. Mientras tanto, la violencia empezaba a copar las calles. Los días previos al decreto del 20 de julio se caracterizaron por una escalada de violencia que tuvo como punto máximo lo que se conoció como el domingo

---

rasgos unitarios y ruptura de la supremacía prusiana. Ver MICHAEL STOLLEIS, *Geschichte des öffentlichen Rechts in Deutschland. Weimarer Republik und Nationalsozialismus*, Múnich, C.H. Beck Verlag, 2002. Sobre la "cuestión Prusia" en Weimar, ver DIETRICH ORLOW, *Weimar Prussia 1925-1933. The Illusion of Strength*, Pittsburgh, University of Pittsburgh Press, 1991.

sangriento de Altona *(Altonaer Blutsonntag)*, el 17 de julio de 1932. El número de víctimas fue creciendo a medida que se acercaban las elecciones para el *Reichstag* del 31 de julio de 1932: en los diez días anteriores a la elección, se dieron 300 incidentes separados de violencia política y cerca de una treintena de muertes y centenas de heridos[17].

Si bien la violencia no era patrimonio exclusivo de los grupos de derecha, lo cierto es que los episodios de julio de 1932 fueron desencadenados por el partido NSDAP y sus llamadas marchas de propaganda *(Werbemärsche)*, que llevaban a cabo especialmente por los pueblos y ciudades con mayor presencia electoral de las clases trabajadoras. El 10 de julio, un domingo, se dieron una serie de batallas callejeras por todo el territorio del Reich. Una de las más violentas se dio en Breslau, donde murieron al menos once personas. En la región de Schleswig-Holstein, perteneciente a Prusia, se desarrolló el ojo de la tormenta en la ciudad de Altona, la más grande de la región y con reputación de "ciudad roja". Altona era parte del conurbano cercano a Hamburg, habitado mayormente por trabajadores obreros y portuarios con notables resultados electorales para el partido comunista alemán (en adelante KDP). El día 17 de julio de 1932, siete mil nazis "camisas marrones" intentaron marchar a

---

17 Tim Kirkand y Anthony McElligott (eds.), *Opposing Fascism. Community, Authority and Resistance in Europe*, Cambridge, Cambridge University Press, 2004.

través de una de las zonas de mayor concentración comunista. El resultado de esa provocación fueron dieciocho muertos y una centena de heridos.

Se culpó a los comunistas por las matanzas. En los medios y los sectores conservadores se fue agitando la imagen de una clase trabajadora insurgente y desobediente a la autoridad[18]. Se hablaba de "guerra civil". Mientras tanto, los nazis, que habían sido la causa original del problema, se presentaban como víctimas de los disturbios de la clase trabajadora y la violencia comunista[19]. Estos fueron los hechos que sirvieron para que, tres días más tarde, HINDENBURG firmara, a instancias de PAPEN y KURT VON SCHLEICHER, el decreto por el cual se intervenía Prusia y se derrocaba el gobierno de OTTO BRAUN y sus ministros.

Este decreto, que fue fundamentado en el artículo 48 de la Constitución en sus párrafos primero y segundo[20], nombraba al canciller del Reich (VON PAPEN)

---

18 En todo este periodo de violencia en la República de Weimar la prensa partisana jugó un rol clave. Sobre el tema, ver BERNHARD FULDA, *Press and politics in the Weimar Republic*, Oxford, Oxford University Press, 2009.

19 TIM KIRKAND y ANTHONY McELLIGOTT (eds.), *Opposing Fascism. Community, Authority and Resistance in Europe*, Cambridge, Cambridge University Press, 2004, p. 38

20 El artículo 48 de la Constitución de Weimar sostenía, en su párrafo primero, que "si un Estado Federado no cumple los deberes que le impone la Constitución o las leyes del Reich el Presidente de éste podrá obligarle a ello, con ayuda de la fuerza armada"; en su párrafo segundo, que "cuando se hayan alterado gravemente o estén en peligro la seguridad y el orden

como comisario de Prusia, destituyendo al socialdemócrata OTTO BRAUN y al gabinete encabezado por
CARL SEVERING. La fundamentación del decreto no
fue incluida en su texto, sino que fue publicada con
posterioridad en la prensa e incluida en un discurso
radial que dio el mismo VON PAPEN el día 20 de julio
de 1932[21]. En ambos casos, pero especialmente en la
fundamentación que leyó VON PAPEN, se afirmaba
que a Prusia le faltó la voluntad de luchar contra el
partido comunista, agrupación que atacaba "persis-
tentemente" los "fundamentos del Estado, la Iglesia
y la familia"[22]. Además, VON PAPEN afirmó que no
era casualidad que sólo en Prusia la campaña electoral se hubiera convertido en una batalla sangrienta,
porque sólo allí el gobierno local se había aliado con
los comunistas.

---

públicos en el Reich, el Presidente puede adoptar las medidas
indispensables para el restablecimiento de los mismos, incluso
en caso necesario con ayuda de la fuerza armada. Con este
fin puede suspender temporalmente en todo o en parte los
derechos fundamentales fijados en los artículos 114, 115, 117,
118, 123, 124 y 153".

21 Ambas publicadas en ARNOLD BRECHT, *Preußen contra Reich vor
dem Staatsgerichtshof. Stenogrammbericht der Verhandlungen vor
dem Staatsgerichtshof in Leipzig vom 10. bis 14. und vom 17. Oktober
1932*, Berlín, Dietz Nachfolger, 1933, pp. 482 a 484.

22 Fundamentación oral de VON PAPEN, publicada en ARNOLD BRECHT,
*Preußen contra Reich vor dem Staatsgerichtshof. Stenogrammbericht
der Verhandlungen vor dem Staatsgerichtshof in Leipzig vom 10. bis
14. und vom 17. Oktober 1932*, Berlín, Dietz Nachfolger, 1933, p.
483.

La reacción inicial de los socialdemócratas en Prusia –pese a contar con un importante apoyo de las clases trabajadoras– no fue la resistencia armada. Se ha discutido si la suerte de la República hubiera sido otra de contar con una respuesta más radical de parte de sus defensores[23], sin embargo, fiel a su tradición socialista reformista, el partido optó por la legalidad[24] y acudió al Tribunal Estatal en Leipzig, para que definiera la constitucionalidad del decreto. Las audiencias ante el tribunal se dieron en el mes de octubre, y el 25 de ese mismo mes se dictó la sentencia definitiva[25]. A casi tres meses de esa sentencia, HITLER era nombrado canciller de la República.

---

23 Se han dado una serie de discusiones al respecto en la bibliografía especializada. EBERHARD KOLB sostiene que mientras aquellos más directamente involucrados, como OTTO BRAUN, CARL SEVERING o ALBERT CARL GRZESINSKI, recuerdan que la resistencia armada no hubiera tenido mayores resultados y que hubiera sido sumamente irresponsable, a mediados de 1950, KARL DIETRICH BRACHER y ERICH EYCK sostenían que la no resistencia había sido un grave error en pos de la defensa de la democracia en Weimar.

24 Sobre la importancia de la legalidad en el pensamiento socialdemócrata de Weimar, ver CARLOS MIGUEL HERRERA, *Derecho y socialismo en el pensamiento jurídico*, Bogotá, Universidad Externado de Colombia, 2003.

25 Se ha escrito muchísimo sobre el proceso en Leipzig, sin embargo, algunas de las principales obras de referencia son, sin duda: HENNING GRUND, *'Preußenschlag' und Staatsgerichtshof im Jahre 1932, Baden-Baden*, Nomos, 1976; ERNST RUDOLF HUBER, *Deutsche Verfassungsgeschichte seit 1789*, t. VII, Stuttgart, Kohlhammer, 1978, pp. 1015 y ss., y JÜRGEN BAY, *Der Preussenkonflikt 1932/33.*

2. EL CASO ANTE EL TRIBUNAL ESTATAL DE LEIPZIG

2.1. *Los protagonistas*

2.1.1. Los jueces del Tribunal Estatal de Leipzig

El Tribunal Estatal *(Staatsgerichtshof für das Deutsche Reich)* había sido creado por la Constitución de 1919. Por primera vez en la historia constitucional alemana, un tribunal específico estaba facultado para dirimir en los casos en los que se planteara algún tipo de conflicto entre el Gobierno Federal y algún Estado Federado o bien entre distintos Estados Federados. En consecuencia, no estaban contempladas en esta competencia las cuestiones sobre constitucionalidad de las leyes, como sí lo incorporó en 1949 la Constitución de Bonn, con la figura del Tribunal Constitucional. En efecto, en su artículo 19, la Constitución de Weimar afirmaba que: "las cuestiones constitucionales dentro de cada Estado Federado en que no exista jurisdicción competente para resolverlas, así como cualquiera otras que no sean de derecho privado entre los diferentes Estados Federados o entre un Estado Federado y el Reich serán decididas, a petición de una de las partes, por el Tribunal de Estatal del Reich, en todo aquello en que otro Tribunal del Reich no sea especialmente

---

Ein Kapitel aus der Verfassungsgechichte der Weimarer Republik, Erlangen-Nürnberg, Univ. Dissertation, 1965.

competente. El Presidente del Reich ejecutará la sentencia del Tribunal de Estado del Reich".

La composición del Tribunal Estatal se encontraba ligada al Tribunal Supremo del Reich *(Reichsgericht)*, el máximo tribunal en materia civil y penal entre 1879 y 1945[26] y a los tribunales supremos administrativos *(Oberverwaltungsgericht)*. En efecto, al momento de la sentencia de 1932, el Tribunal Estatal se encontraba compuesto por: el presidente del Tribunal Supremo, ERWIN BUMKE[27]; tres jueces de ese tribunal, TRIEBEL, SCHMITZ y SCHWALB, y tres jueces del Tribunal Supremo Administrativo, MÜLLER, GÜMBEL y STRIEGEL. Es decir, no se trataba de un elenco de jueces especializado, sino de jueces que provenían de otros tribunales superiores. Su sede era la ciudad de Leipzig, no muy lejana a Berlín.

---

26 Durante la República de Weimar, se acusaba a este tribunal de seguir una línea muy conservadora e incluso reaccionaria. Una sentencia representativa de esto es la que emitió con motivo del llamado *Putsch* de KAPP. En cambio, en materia de revalorización, el tribunal dictó por primera vez leyes para abandonar el principio de un marco igual a un marco, aunque igualmente en un sentido conservador.

27 La persona de ERWIN BUMKE ejemplifica muy bien el caso de la justicia en Weimar. De familia acomodada y habiendo recibido una educación conservadora, BUMKE fue juez durante el nazismo y fue acusado con posterioridad por su parcialidad en muchas sentencias. Cuando los americanos entraron en Leipzig, el 20 de abril de 1945, BUMKE se suicidó. Sobre su persona, ver DIETER KOLBE, *Reichsgerichtspräsident Dr. Erwin Bumke. Studien zum Niedergang des Reichsgerichts und der deutschen Rechtspflege*, Karlsruhe, Müller, 1975.

Lo cierto es que ninguno de los nombres que componían este tribunal podía generar algún tipo de expectativa respecto de un fallo emblemático para la República, en términos de novedad[28] o de compromiso democrático. En efecto, los jueces de la época de Weimar no se caracterizaban por su convicción democrática. Se ha dicho mucho de la relación entre los jueces de Weimar y la caída de la República[29]. Los magistrados de la época se veían a sí mismos más como defensores del viejo Reich, como últimos bastiones de la lucha contra el crimen y el caos, antes que como defensores de la República[30]. No sólo habían sido formados en

---

28 Christoph Gusy destaca que la jurisprudencia del Tribunal Estatal se orientó por los métodos tradicionales de aplicación jurídica, encontrando sólo de manera muy aislada presupuestos constitucionales en los mismos. Ver Christoph Gusy, "Las constituciones de entreguerras en Europa central", *Fundamentos: Cuadernos monográficos de teoría del estado, derecho público e historia constitucional*, n.º 2, (ejemplar dedicado a: Modelos constitucionales en la historia comparada), 2000, pp. 593-625.

29 El historiador Ralh Angermund sostiene que los jueces eran la tercera fuerza en la política de Weimar. Cree, sin embargo, que si uno le preguntara a esos jueces como se percibían en su rol, hubieran dicho que se percibían menospreciados en su tarea de proteger a la Republica de los bolcheviques o que no estaba bien leída su lealtad al sistema republicano. Ver Ralph Angermund, *Deutsche Richterschaft 1919-1945. Krisenerfahrung, Illusion, politische Rechtsprechung*, Frankfurt am Main, Fischer Taschenbuch Verlag, 1990, pp. 19 y ss.

30 Anthony McElligott, *Rethinking the Weimar Republic. Authority and authoritarianism 1916-1936*, Londres, Bloomsbury, 2014. En efecto, desde los inicios mismos de la República de Weimar, los jueces trabajaron mayoritariamente en contra de ella. Hans

tiempos del Imperio y provenían de la clase alta o
media alta de la sociedad[31], sino que además, estos
jueces tenían nombramiento de por vida y sin límites
de edad, lo que les otorgaba una posición privilegiada
en la sociedad, que al mismo tiempo los alejaba de
ella[32]. Desde su punto de vista, habían pasado de
firmar sus sentencias en el nombre del emperador a
hacerlo en el nombre del "populacho"[33]. La revolución
había trastocado el mundo del jurista de arriba abajo:
dentro de la judicatura, este cambio implicaba una
pérdida de autoridad que era reemplazada por lo
que veían como una interferencia política.

WROBEL,"Die Richter und das Recht in der Weimarer Republik",
en GERHARD RINGSHAUSEN Y RÜDIGER VON VOSS, *Widerstand und
Verteidigung des Rechts*, Bonn, Bouvier Verlag, 1997, pp. 159-170.

31 La elevada edad de los jueces significaba que la mayoría habían
sido socializados durante el Imperio; su conservadurismo,
expresado en sus inclinaciones monárquicas, reflejaba la mirada
cultural de la *Beamtenschaft* (funcionariado) de la generación. La
guerra y la inflación deterioraron las condiciones materiales de
la judicatura. A pesar de cierta mejora durante 1924 y 1927, los
salarios fueron luego limitados con el decreto de emergencia
de Brüning de 1930. Ver ANTHONY MCELLIGOTT, *Rethinking the
Weimar Republic. Authority and authoritarianism 1916-1936*,
Londres, Bloomsbury, 2014, p.103.

32 KARL DIETRICH BRACHER, *Die Auflösung der Weimarer Republik.
Eine Studie zum Problem des machtverfalls in der Demokratie*,
Villingen-Schwarzwald, Ring Verlag, 1964, pp. 191 y ss.

33 ANTHONY MCELLIGOTT, *Rethinking the Weimar Republic. Authority
and authoritarianism 1916-1936*, Londres, Bloomsbury, 2014, p.
112.

La justicia, especialmente aquella que se ocupó de asuntos políticos, formó parte de la página más oscura de la República de Weimar[34]. Y esta es una acusación que bien puede extenderse a otros fueros de la judicatura. En efecto, el poder de los jueces se fue incrementando, en la medida en que el control jurisdiccional de las leyes se convirtió en un instrumento para sabotear las reformas sociales que llevaba a cabo el Parlamento. Es común que para referirse a esta justicia algunos autores utilicen el término de *"politische Justiz"* (justicia política) o incluso *"Klassenjustiz"*[35] (justicia de clase). Con ambos

---

34 Franz Neumann, *Behemoth. The structure and practice of National Socialism 1933-1944*, Chicago, Ivan R. Dee, 2009, pp. 23 y ss. Incluso, quien fuera no sólo jurista, sino ministro de justicia del Reich en los primeros años de la República, Gustav Radbruch, acusaba públicamente a los jueces de esconder detrás de una "objetividad judicial" una forma autoritaria de ejercicio de la justicia. Ver Gustav Radbruch, *Gesamtausgabe. Politische Schriften aus der Weimarer Zeit II. Justiz, Bildungs- und Religionspolitik*, vol. 13, Heildeberg, C.F. Müller, 1993.

35 En un texto de 1927, se ocupa Ernst Fraenkel de analizar conceptualmente el término de *"Klassenjustiz"*. Allí diferencia "justicia de clase" de "prevaricato", afirmando que en este último caso, el juez viola las disposiciones de la ley de manera consciente. En cambio, en el primero, su decisión se adecúa con la formalidad de la ley. El término de justicia de clase tampoco se identifica con el también utilizado en esa época de "justicia política" *(politischer Justiz)*, ya que en esta última, el juez, al dictar sentencia, se deja llevar por su inclinación política. Para Fraenkel, la justicia es de clase, cuando sus decisiones consagran los intereses y la ideología de la clase dominante de un país, de modo que, a pesar de la aplicación formal de la ley,

términos, se destacaba la falta de neutralidad política o de clase, en gran parte o la mayoría de los jueces de Weimar, especialmente cuando se trataba de juzgar a militantes o extremistas de derecha[36].

Es por eso que el rol de la jurisprudencia del Tribunal Estatal no debe magnificarse. Aunque su paralelo Tribunal Supremo del Reich (*Reichsgericht*) ya se había pronunciado positivamente sobre la cuestión del control jurisdiccional de la legislación de acuerdo a la Constitución[37], no había sucedido lo mismo con el

---

la case oprimida se ve afectada por la manipulación judicial. Ver ERNST FRAENKEL, "Zur Soziologie der Klassenjustiz", en ERNST FRAENKEL, *Zur Soziologie der Klassenjustiz und Aufsätze zur Verfassungskrise 1931-32*, Darmstadt, Wissenschaftliche Buchgesellschaft, 1968, pp. 2-41. También se ocupa del tema JOSEPH DETLEF (ed.), *Rechtsstaat und Klassenjustiz. Texte aus der sozialdemokratischen 'Neuen Zeit' 1883-1914*, Friburgo-Berlín, Haufe-Lexware, 1996.

36 *"Auf dem rechten Auge sind sie blind"* (son ciegos del ojo derecho) se solía decir de estos jueces. La diferencia entre el tratamiento que tenían para los militantes de izquierda y los de derecha, incluso para quienes atentaron de manera directa contra la República como KAPP o HITLER son notables. Ver la obra ya citada de FRANZ NEUMANN, HEINRICH HANNOVER y ELISABETH HANNOVER-DRÜCK, *Politische Justiz 1918-1933*, Bornheim-Merten, Lamuv Verlag, 1987, y también GOTTHARD JASPER, "Justiz und Politik in der Weimarer Republik", en *VfZG*, Heft 2, 1982, pp. 167- 205.

37 Aunque no en un sentido progresista y de acuerdo a la legislación social. Ver MICHAEL STOLLEIS, "Judicial Review, Administrative Review, and Constitutional Review in the Weimar Republic", *Ratio Juris*, vol. 16, n.° 2, jun. 2003, pp. 266-280. Sobre el tema, ver también J.J. LENOIR, "Judicial Review in Germany under

Tribunal Estatal. El caso Prusia contra Reich fue tal vez la cuestión más importante que le tocó decidir desde 1919. Los socialdemócratas le confiaron su causa, con la esperanza de que el Tribunal Estatal aprovechara esa oportunidad para salvar a la República. Probablemente, lo obvio de la inconstitucionalidad del avance de VON PAPEN contra Prusia les impidió ver que no podían esperar mucho de este grupo de jueces. Seguramente su confianza en la legalidad fue la que descuidó la dimensión de lucha política que existía detrás.

2.1.2. Los litigantes ante el Tribunal Estatal

La sentencia que analizamos acumuló cuatro demandas distintas, pero vinculadas en su objeto contra el gobierno del Reich: la del gobierno de Prusia, junto con los representantes del Parlamento local (*Landtag*) provenientes del Partido Socialdemócrata Alemán (en adelante SPD) y del *Zentrum* (centro católico); la del jefe de gobierno de Prusia, OTTO BRAUN, junto con los ministros depuestos por el decreto, y las demandas de los Estados Federados de Baviera y Baden, que se sumaron a la presentación de judicial de Prusia, por estar en situación similar respecto de un gobierno interino, sin poder formar gobierno.

---

the Weimar Constitution", *Tulane Law Review*, n.° 14, 1940, pp. 361-383, y BERND HARTMANN, "The Arrival of Judicial Review in Germany under the Weimar Constitution of 1919", en *Brigham Young University (BYU) Journal of Public Law*, vol. 18, Issue 1, 2003, pp.107 y ss.

En la representación de todos estos actores participaron juristas de gran renombre: la mayoría de ellos
ya habían publicado sus opiniones sobre el golpe de
Estado y su constitucionalidad en la prensa especializada[38]. La elección de semejantes figuras nos habla
no sólo de la importancia del derecho público en la
época de Weimar, sino también de la trascendencia
institucional que tuvo este proceso ante el Tribunal
Estatal[39]. En efecto, ninguna de las voces relevantes

---

38 Además del ya mencionado artículo de HELLER, ver, por
ejemplo, FRIEDRICH GIESE, "Zur Verfassungsmäßigkeit vom
Reich gegen und in Preußen geschaffenen Maßnahmen", en
Deutsche Juristen Zeitung, n.° 37, 1932, p. 1021; FRIEDRICH GIESE,
"Beamtenrechtliche Auswirkungen einer Reichsexekution",
en *Reichsverwaltungsblatt und Preußisches Verwaltungsblatt,* 53,
1932, pp. 701 y ss.; CARL SCHMITT, "Die Verfassungsmäßigkeit
der Bestellung eines Reichskommisars für das land Preußen",
en *Deutsche Juristen Zeitung,* n.° 37, 1932, pp. 953 y ss., y CARL
BILFINDER, "Exekution, Diktatur und Föderalismus", en *Deutsche
Juristen Zeitung,* n.° 37, 1932, pp. 1017 y ss.
39 La trascendencia de estos hechos para la vida de la República se
puede apreciar en los muchos análisis que se publicaron tras la
sentencia y que convocaron tanto a juristas como ERNST RUDOLF
HUBER O WALTER JELLINEK y al mismo KELSEN, por supuesto, como
también a algunos de los protagonistas del proceso, como el
mismo HANS NAWIASKY o uno de los jueces que intervinieron,
MAXIMILIAN SCHWALB: ERNST RUDOLF HUBER, *Reichsgewalt und
Staatsgerichtshof,* Oldenburg, Gerhard Stalling, 1932; WALTER
JELLINEK, "Zum Konflikt zwischen Preußen und Reich", en
Reichsverwaltungsblatt und Preußisches Verwaltungsblatt, 53,
1932, pp. 681 y ss.; OTTO KIRCHHEIMER, *"Die Verfassungslehre des
Preußen-konflikts".* Gesellschaft, 9, 1932, pp. 194 y ss.; HANS NA-
WIASKY, "Zum Leipziger Urteil", en *Bayerische Verwaltungsblätter,*
80, 1932, pp. 338 y ss.; MAXIMILIAN SCHWALB, "Zur Ausführung

del derecho público alemán dejó de pronunciarse sobre el tema: ni antes, durante, ni después del proceso en Leipzig. La diversidad de opiniones, además, demuestra que no existía un consenso claro respecto de qué era la democracia constitucional y qué rol jugaba la justicia en ella[40].

En la representación de actores y demandantes actuaron tanto juristas y profesores como funcionarios

---

des Staatsgerichtshofs-Urteils in der Preußensache, *Reichsverwaltungsblatt und Preußisches Verwaltungsblatt*, 53, 1932, pp. 941 y ss.; Maximilian Schwalb, *"Die Einwendungen gegen das Staatsgerichtshofs-Urteil vom 25.Oktober 1932 in der Preußensache"*, Justiz 8, 1932-1933, pp. 217 y ss.; Heinrich Triepel, "Die Entscheidung des Staatsgerichtshofs im Verfassungsstreite zwischen Preußen und dem Reiche. Ein Schlußwort", en *Deutsche Juristen-Zeitung* (DJZ), 1932, pp. 1501-1508, y Von von Campe, *"Der Prozeß Preußen contra Reich im Lichte von Rechtsstaat und Rechtsgefühl"*, Deutsche Juristen Zeitung, 37, 1932, pp. 1384 y ss.

40 Sobre la trascendencia del proceso para la teoría política y jurídica moderna, se ha ocupado en parte la academia anglosajona. Entre ellos, especialmente, David Dyzenhaus, quien realiza un análisis de la sentencia y de las posiciones de Schmitt, Heller y Kelsen, en David Dyzenhaus, "Legal Theory in the Collapse of Weimar: Contemporary Lessons?", *The American Political Science Review*, vol. 91, n.° 1, 1997, pp. 121-134, y también trata el tema en David Dyzenhaus, *Legality and Legitimacy: Carl Schmitt, Hans Kelsen, and Hermann Heller in Weimar*, Oxford, Oxford University Press, 1999. También se ocupa de las teorías constitucionales en disputa en Weimar Peter Caldwell, y se ocupa del caso Prusia contra Reich en Peter Caldwell, *Popular Sovereignty and the crisis of German Constitutional Law. The Theory & Practice of Weimar Constitutionalism*, Durham y Londres, Duke University Press, 1997.

del gobierno del Reich y del de Prusia[41]. Por el Estado libre de Prusia y, al mismo tiempo, por los ministros depuestos actuaron los funcionarios prusianos ARNOLD BRECHT *(Ministerialdirektor)*, HERMANN BADT *(Ministerialdirektor)* y los profesores universitarios FRIEDRICH GIESE y GERHARD ANSCHÜTZ. A la fracción del *Zentrum* la representó el profesor HANS PETERS y a la del partido socialdemócrata, el por entonces profesor HERMANN HELLER. Por Baviera actuaron el profesor HANS NAWIASKY, el consejero de Estado HEINRICH VON JAN y el consejero de gobierno y docente THEODOR MAUNZ. Por Baden, finalmente, los funcionarios HERMANN FECHT y el consejero de Estado ERNST WALZ. Del lado del Reich, actuaron los funcionarios GEORG GOTTHEINER y WERNER HOCHE y los profesores CARL SCHMITT, ERWIN JACOBI y CARL BILFINGER.

La primera figura que se destaca de esta larga lista es la de ARNOLD BRECHT. Funcionario prusiano y del Reich de larga data, fue también testigo y protagonista de todos los hechos que atravesaron la vida política de Weimar[42]. Como tantos otros, debió exiliarse en 1933,

---

41 En efecto, de los dieciséis abogados que intervinieron en la parte actora y la demandada, la mitad eran profesores y la otra mitad, funcionarios.

42 Sobre ARNOLD BRECHT, ver CLAUS DIETER KROHN y CORINA UNGER (eds.), *Arnold Brecht 1884-1977. Demokratischer Beamter und politischer Wissenschaftler in Berlin und New York,* Stuttgart, Franz Steiner Verlag, 2006. También su propia autobiografía, titulada *Mit der kraft des Geist: Lebenserinnerungen. Zweite Hälfte 1927-1967,* Stuttgart, Deutsche Verlags Anstalt, 1967.

no sin antes pronunciar, el 2 de febrero de ese mismo año, el último discurso libre ante el *Reichstag*[43]. A los pocos días, fue removido de su cargo por HITLER y siguiendo una invitación de ALVIN JOHNSON, emigró a los Estados Unidos, donde comenzó una prominente carrera académica en el ámbito del derecho público. Su obra más importante fue publicada en 1959 y se tituló Political Theory. The Foundations of Twentieth Century Political Thought (Teoría Política. Los fundamentos del pensamiento político del siglo veinte)[44].

Las intervenciones de BRECHT durante el proceso en Leipzig, como también sus acciones y opiniones tras estos hechos, merecen especial atención. Durante las deliberaciones, BRECHT llevó a cabo una defensa férrea del sistema republicano y la democracia parlamentaria en Weimar. Su estrategia fue básicamente la de negar el estado de excepción en Prusia y probar que la afirmación del Reich respecto del incumplimiento de obligaciones constitucionales por Prusia era infundada. Utilizó el recientemente publicado *Legalidad y legitimidad,* de SCHMITT, para justificar la necesidad de luchar contra el partido NSDAP en Alemania. La "igualdad de chance" y la "técnica de la legalidad" sobre las que advertía SCHMITT en su obra (probablemente pensando más en el partido comu-

---

43 Ver PETER STACHURA, *Political Leaders in Weimar Germany. A biografical Study*, Londres, Harvester Wheatsheaf, 1993.
44 ARNOLD BRECHT, *Political Theory, The Foundations of Twentieth Century Political Thought*, Princeton, Princeton University Press, 1959.

nista que en el nazi). Las transcripciones del proceso se publicaron gracias a él y con un prólogo suyo[45], en el cuál destaca la trascendencia constitucional de los hechos provocados por el decreto del 20 de julio. En ese prólogo, se puede ver también que la evaluación que hace de la sentencia del tribunal es en general positiva, aunque reconoce el poder que le dieron con ella al Presidente del Reich los jueces de Leipzig.

BRECHT publicó en 1944, en los Estados Unidos, una obra titulada *Prelude to Silence: the End of the German Republic*[46]. La misma recibió fortísimas críticas por parte de la academia norteamericana, que básicamente lo acusaba de hacer una muy pobre autocrítica de la tragedia alemana y resaltaba el hecho de que, para BRECHT, la llegada de HITLER al poder haya sido principalmente "accidental"[47]. En efecto, en esta obra,

---

45 BRECHT sostiene que sólo accedió a escribir este prólogo luego de haber comprobado la fidelidad de las transcripciones de los debates y después de que se le asegurara que las mismas circularían entre todas las partes involucradas antes de su publicación. Es interesante la aclaración que realiza al final de su prólogo respecto del título de la obra que prologa (*Prusia contra Reich*). Sostiene que quienes estuvieron del lado de la defensa de Prusia de ninguna manera quisieron dar la impresión de que se tratara de una batalla entre Prusia y el Reich, sino de que la batalla era por la Constitución del Reich y por el Reich. Por eso, su propuesta a la editorial había sido la de titular el libro: *"Reich und Preußen vor dem Staatsgerichtshof"* (El Reich y Prusia frente al Tribunal Estatal).

46 ARNOLD BRECHT, *Prelude to silence. The end of the german republic*, Nueva York, Oxford University Press, 1944.

47 Ver, por ejemplo, la reseña de GEORGE SHUSTER en *Political Science*

BRECHT afirmaba que durante la República de Weimar, la mayor parte de la población era antifascista y antitotalitaria, y señalaba como principales causas de la llegada del nazismo al poder: el sistema de representación proporcional, la elección directa del Presidente, la ausencia de definición en las atribuciones del Presidente y el fracaso en la coordinación de las acciones del gobierno del Reich y los Estados locales.

En esta obra, de 1944, se refiere también al proceso Prusia contra Reich y defiende el hecho de que los ministros prusianos hubieran recurrido a la justicia y no a las masas para armarse en defensa de la República. Desde su perspectiva, la estrategia judicial estaba más que justificada: los ministros depuestos apostaron a la Constitución de Weimar y optaron por no atentar contra un Presidente constitucional. Esa decisión, lejos de ser para él un error que le costó la vida a la República, contribuyó al posterior retroceso electoral de los nazis, en las elecciones del 6 de noviembre de 1932, y también con la destitución de PAPEN al frente del gabinete y su reemplazo, en diciembre, por VON SCHLEICHER. Precisamente, debido al interés que despertó la sentencia del Tribunal Estatal en la prensa de la época. Para Brecht, y en este punto tal vez se base la gran crítica que recibió en la academia de la posguerra, tanto HINDENBURG como PAPEN lucharon

---

Quarterly, vol. 59, n.° 4, dic. 1944, pp. 615-617, o la de OSCAR JÁSZI en los *Annals of the American Academy of Political and Social Science*, vol. 236, Adolescents in Wartime, nov. 1944, pp. 187-188.

contra el totalitarismo nazi[48]. Negociaron con HITLER y le ofrecieron poder, pero siempre con la intensión de controlarlo.

La causa de Prusia, sin embargo, no quedó sólo en manos de BRECHT. Si bien era el jefe del equipo de abogados, intervinieron también los profesores universitarios FRIEDRICH GIESE y GERHARD ANSCHÜTZ. El primero era profesor en la Universidad de Frankfurt y se había hecho de un nombre en el derecho público, al escribir el primer comentario de la Constitución de Weimar[49]. La fama de GERHARD ANSCHÜTZ, por su parte, también provenía del análisis del derecho público existente. Su comentario sobre la Constitución de 1919[50] fue uno de los pocos que llegó a catorce ediciones durante los tiempos de la República y su trabajo *Handbuch des deutschen Staatsrechts*[51], publicado en dos tomos y editado con RICHARD THOMA, representó una obra de notable prestigio y pluralidad en la época[52], que sigue siendo un clásico ineludible del derecho público alemán. ANSCHÜTZ era, por la época del

---

48 ARNOLD BRECHT, *Prelude to silence. The end of the german republic*, Nueva York, Oxford University Press, 1944, pp. 61 y ss.

49 FRIEDRICH GIESE, *Verfassung des Deutschen Reiches vom 11. August 1919*, Berlín, Carl Heymanns Verlag, 1926.

50 GERHARD ANSCHÜTZ, *Die Verfassung des Deutschen Reichs vom 11.August 1919*, Berlín, Georg Stilke, 1933.

51 GERHARD ANSCHÜTZ y RICHARD THOMA (eds.), *Handbuch des deutschen Staatsrechts*, t. 2 , Tübingen, Mohr, 1930-1932.

52 WALTER PAULY, "Gerhard Anschütz. An Introduction", en ARTHUR JACOBSON y BERNHARD SCHLINK (eds.), *Weimar. A Jurisprudence of Crisis,* Berkeley, University of California Press, 2001.

proceso, profesor en la Universidad de Heidelberg y un referente fundamental del derecho constitucional. Paradójicamente, en el año 1924 ya había discutido con CARL BILFINDER (representante del Reich) acerca del federalismo alemán, en la primera reunión anual de la *Vereinigung der Deutschen Staatsrechtslehrer* (Asociación de Profesores Alemanes de Derecho Público), en Jena[53]. Todo eso, sin duda, influyó en que fuera elegido para integrar la defensa de Prusia.

Por su parte, tanto las facciones del *Landtag* prusiano del partido del *Zentrum* y del SPD (ambas integrantes de la coalición del gobierno depuesto), se presentaron como parte actora en el proceso. El encargado de representar a la facción del *Zentrum* ante el Tribunal Estatal fue HANS PETERS. Se había afiliado a ese partido en 1923 y enseñó por un tiempo en la Universidad de Breslau. PETERS llegó a formar parte del llamado *Kreisauer Kreis* (Círculo de Kreisau), que fue un grupo de resistencia civil durante la Alemania nazi[54]. La facción del SPD, por su parte, eligió para su representación al joven jurista socialdemócrata HERMANN HELLER.

---

53 GERHARD ANSCHÜTZ, KARL BILFINGER, CARL SCHMITT y ERWIN JACOBI, *Der deutsche Föderalismus. Die Diktatur des Reichspräsidenten. Verhandlungen der Tagung der Vereinigung der Deutschen Staatsrechtslehrer zu Jena am 14. und 15. April 1924*, Veröffentlichungen der Vereinigung der Deutschen Staatsrechtslehrer, Berlín y Leipzig, Walter de Gruyter & Co, 1924.

54 LEVIN VON TROTT ZU SOLZ, *Hans Peters und der Kreisauer Kreis. Staatslehre im Widerstand*, Schöningh, Paderborn, 1997.

HELLER es hoy mayormente conocido como el padre del concepto *Sozialer Rechtstaat* (Estado social de derecho) que fuera incorporado a la Constitución alemana de Bonn, en 1949. En 1932, era profesor en la Universidad de Frankfurt, pero llegar hasta allí no le había sido nada sencillo. Se había afiliado al SPD en 1920, a instancias de GUSTAV RADBRUCH, quien fue su director de habilitación en la Universidad de Kiel. Era un socialdemócrata convencido, pero su afiliación la hizo con reservas al internacionalismo obrero y al materialismo dialéctico marxista[55]. La teoría jurídica y política de HELLER se basa principalmente en las ideas de justicia social e igualdad material. Su concepción del derecho, del Estado y de la democracia se vincula necesariamente con estos principios. Había conocido a KELSEN en Viena, en donde asistió como oyente a sus clases en la Facultad de Derecho. Años después, conoció personalmente a SCHMITT, a cuyos seminarios en torno al problema de la democracia en la *Hochschule für Politik* de Berlín, asistió en 1928. A ambos criticó en sus obras, acercándose más a KELSEN que a SCHMITT en los últimos años de su vida[56].

---

55 El nacionalismo socialista de HELLER se expresa muy claramente en su obra *Sozialismus und Nation*, incluida en versión en español en HERMANN HELLER, *Escritos políticos*, Madrid, Alianza, 1985.

56 HELLER murió en el exilio, en España, en 1933. Junto con KELSEN, fue uno de los primeros profesores en ser despojado de su cargo en virtud de la aplicación de la "Ley para la Restauración del Servicio Profesional de Carrera", del 7 de abril de 1933. Tras su muerte, su discípulo GERHART NIEMEYER, quien lo había

Pero como veremos que surge fuertemente de sus intervenciones en el proceso, la teoría jurídica y política de HELLER no se encuentra escindida de la práctica política. HELLER no sólo fue uno de los pocos juristas en cuya obra se encuentra un compromiso abierto con la democracia y la República de Weimar[57], sino que además es uno de los pocos que luchó literalmente contra aquellos que intentaron deponerla. En efecto, en el llamado "Putsch de Kapp"[58], HELLER, junto con GUSTAV RADBRUCH, se opuso en Kiel al levantamiento armado de la derecha y terminó siendo arrestado con RADBRUCH por los militares que habían tomado temporalmente el poder. Ambos fueron sometidos a un juicio sumario y, por muy poco, se salvaron de ser fusilados[59]. El compromiso de HELLER con la

---

acompañado en su exilio, se recluyó en Tossa de Mar, con el fin de sistematizar algunas notas de HELLER y darle forma a su *Staatslehre* (Teoría del Estado), publicada finalmente en 1934.

57 KATHRIN VER GROH, *Demokratische Staatsrechtslehrer in der Weimarer Republik*, Tübingen, Mohr Siebeck, 2010.

58 El golpe encabezado por WOLFGANG KAPP fue un golpe militar fracasado que tuvo lugar entre el 13 y el 17 de marzo de 1920. Fue el primer intento de desestabilización de la derecha, apoyado principalmente por el sector militar, y aunque duró tan sólo cuatro días, bastó para poner en evidencia la debilidad del gobierno de coalición que inauguraba la República.

59 En efecto, la corte marcial llegó a emitir una condena a muerte, pero cuando el golpe ya había fracasado. HANS SCHNEIDER, "Positivismus, Nation und Souveränänität. Über die Beziehungen zwischen Heller und Radbruch", en CHRISTOPH MÜLLER e ILSE STAFF (eds.), *Staatslehre in der Weimarer Republik: Hermann Heller zu ehren*, Frankfurt am Main, Suhrkamp, 1985.

democracia también se puede apreciar en su obra *Europa und der Faschismus (Europa y el fascismo),* fruto de una visita a la Italia de Mussolini, en 1928. Sin duda, esta obra y su estrecha relación con el partido y con el círculo de juristas socialistas de la época lo convirtieron en la figura ideal para representar al SPD ante el Tribunal de Leipzig.

Un último nombre para destacar del lado de los actores es el de representante por Baviera, Hans Nawiasky. Vinculado en Viena al círculo de Hans Kelsen, fue profesor en Múnich y uno de los primeros referentes en las reuniones de la recientemente fundada Asociación de Profesores Alemanes de Derecho Público. Ya había publicado, en 1925, un artículo acerca de las facultades del Presidente de acuerdo al artículo 48 de la Constitución de Weimar, en clara oposición a las ideas que Schmitt y Jacobi habían expresado en 1924, en Jena[60]. Como tantos otros brillantes profesores y juristas de la época, Nawiasky tuvo que huir a causa de la persecución nazi y escapó a Suiza. Sin embargo, tras la caída del nazismo, volvió a Alemania, y allí jugo un papel muy importante para el desarrollo de la idea de Estado social[61].

---

60 Hans Nawiasky, "Die Auslegung des Art. 48 der Reichsverfassung", *Archiv des öffentlichen Rechts*, 9, 1925, pp. 1-55.

61 En 1947 volvió a la Universidad de Münich. Contribuyó con la redacción de la Constitución del Estado Federado de Bayer, de 1946, de fuerte contenido social y fue el director de Hans F. Zacher, uno de los máximos exponentes de la academia alemana en el área de derechos sociales y política social.

La parte demandada, por su parte, se nutrió también de los mejores juristas que podrían actuar en su causa. Dentro del equipo se encontraba ERWIN JACOBI, quien ya había presentado sus ideas sobre la dictadura del presidente del Reich, según el artículo 48 de la Constitución, en las ya mencionadas jornadas de Jena. Allí, junto con CARL SCHMITT, se manifestó a favor de una lectura no restrictiva de las facultades del Presidente del Reich[62], lo cual, sin duda, jugó un rol clave en su elección para conformar el equipo de la defensa. Con la llegada del nazismo al poder, y debido a su origen judío, JACOBI fue removido de su cargo de profesor en Leipzig. Retomó sus tareas en 1947, llegando a ser rector y decano de derecho de esa universidad.

CARL BILFINGER, por su parte, había estudiado derecho en Tubinga, Estrasburgo y Berlín. Enseñó en Bonn y Halle y, como adelantamos, había discutido con ANSCHÜTZ sobre el federalismo alemán, en 1924. Su afiliación al partido nazi, en 1933, le permitió

---

62 Tanto JACOBI como SCHMITT habían atacado en Jena la llamada doctrina de la inviolabilidad *(Unantastbarkeitslehre)* formulada primero por RICHARD GRAU en una monografía de 1922 titulada *"Die Diktaturgewalt des Reichspräsidenten und der Landesregierungen"*. Sus ideas empezaron a ser conocidas como la "doctrina Schmitt-Jacobi". Es interesante resaltar que SCHMITT, en 1924, hacía una interpretación más restrictiva de los poderes del artículo 48 que la que presentó en 1932. Sus intervenciones en Jena se publicaron con el título *"Die Diktatur des Reichspräsidenten nach art. 48 der Reichsverfassung"*. Este artículo luego fue agregado en la segunda edición de *La dictadura*, como un anexo.

continuar su carrera académica tras la caída de la
República y no fue un obstáculo para que ocupara
importantes cargos tras 1945[63].

Finalmente, CARL SCHMITT ya era por entonces uno
de los juristas más reconocidos de Weimar. Acababa
de publicar su libro *Legalidad y legitimidad* y la segunda
edición de su *Der Begriff des Politischen (Concepto de lo
político)*, de 1927. Para 1932, ya había publicado sus
obras más conocidas: *Die Diktatur (La dictadura)*, *Politische Theologie (Teología política)*, *Die geistesgeschichtliche
Lage des heutigen Parlamentarismus (Los fundamentos
histórico-espirituales del parlamentarismo en su situación
actual)*, *Verfassunslehre (Teoría de la Constitución)* y su
Der Hüter der Verfassung (El defensor de la Constitución),
entre otros. Al momento de iniciarse el proceso, SCH-
MITT se encontraba en Berlín al frente de la cátedra
de Teoría del Estado en la *Handelshochschule* de la
Universidad de Berlín. Desde esta ciudad, empezó
a ejercer una fuerte influencia sobre ciertas personas
cercanas al poder[64], lo que explicaría su casi inmediato
nombramiento en el equipo de la defensa.

---

63 En 1949 fue llamado por la Universidad de Heidelberg y allí
   fue, hasta 1954, director del Instituto Max Planck de Derecho
   Público Comparado y Derecho Internacional Público. A su
   muerte, RUDOLF SMEND escribió una elogiosa biografía de su
   persona. Ver RUDOLF SMEND, "Carl Bilfinger†", *Zeitschrift für
   ausländisches öffentliches Recht und Völkerrecht*, vol. 20, n.° 1-2,
   1959, pp. 1-4.
64 JOSEPH BENDERSKY, *Carl Schmitt. Theorist for the Reich*, Princeton,
   Princeton University Press, 1983, pp. 172 y ss.

2.2. *La demanda planteada ante el Tribunal Estatal*

El proceso Prusia contra Reich se inició con la presentación de una medida cautelar, que tenía como objeto limitar o suspender las acciones del comisario designado para Prusia. El 25 de julio de 1932, el Tribunal Estatal desestimó esta presentación, argumentando la necesidad de un debate más amplio sobre los motivos que fundamentaron el decreto y la falta de peligro en la demora. La sentencia sobre el fondo de la cuestión se dictó recién el 25 de octubre de ese año, más de tres meses después de la intervención en Prusia. Las fundamentaciones orales se dieron los días 10 a 14 de octubre y el 17 de octubre.

Como adelantamos, la parte actora se componía de distintos actores: el Gobierno de Prusia, los ministros suspendidos, las facciones del *Landtag* del SPD y del *Zentrum* y los Estados Federados de Baviera y Baden. En líneas generales, sus peticiones se concentraban en tres:

i) el cuestionamiento de que se hubieran dado las condiciones objetivas que permitían la aplicación del artículo 48, en sus incisos 1 y 2, y, por lo tanto, el reconocimiento de que la designación del comisario del Reich en Prusia y las acciones llevadas a cabo por el Canciller del Reich y demás comisarios no eran compatibles con la Constitución del Reich. A saber: que la destitución en sus cargos del Presidente de Gobierno en Prusia (OTTO BRAUN) y del Ministro del Interior (CARL SEVERING), la destitución de los demás ministros, la jubilación provisional de funcionarios y el nombramiento definitivo de otros, como también el envío de apoderados propios al *Reichstag* como representantes del Estado Federado de Prusia, eran inconstitucionales. Asimismo, Prusia solicitó, por su parte, que el Tribunal Estatal reconociera que la alegación de que no había cumplido con sus obligaciones (de la Constitución y leyes del Reich), para justificar la intervención por el decreto del 20 de julio, no se encontraba justificada ni comprobada;

ii) el reconocimiento de que las atribuciones del artículo 48, en sus incisos 1 y 2, sólo se habilitaban para el caso en que fueran compatibles con el carácter federal del Reich. Es decir, que la interferencia con las estructuras fundamentales del federalismo, incluyendo la representación en el *Reichstag*, eran del todo inconstitucionales, y

iii) la acusación al gobierno de Papen de usar el decreto del 20 de julio como un medio para impulsar las intrigas políticas de los nazis y desbancar al gobierno de la socialdemocracia en Prusia.

Por su parte, el Reich respondió estas diferentes acusaciones, destacando que los requisitos enunciados por el artículo 48, en sus incisos 1 y 2, se habrían cumplido, y fundamentó su defensa básicamente en tres argumentos:

i) el de la legitimación activa: cuestionó el derecho de Baviera y Baden y de las facciones del SPD y el *Zentrum* para intervenir en el proceso. Desde la perspectiva del Reich, no eran los implicados directos y, por lo tanto, no tenían legitimación para intervenir en el proceso;

ii) el argumento de la guerra civil: la intervención federal de acuerdo al artículo 48, inciso segundo, se justificaría dada la "evidente" situación de guerra civil por la que atravesaba la región de Prusia, y

iii) el argumento de la complicidad: para el Reich, era más que claro que tanto el Presidente del Estado Federado de Prusia como el Ministro del Interior no actuaron con imparcialidad frente a los disturbios y que se mostraron abiertamente en favor del partido comunista y en contra de los nacionalsocialistas. Las actitudes "cómplices" entre Prusia y los comunistas se comprobarían a partir de distintos hechos, como, por ejemplo, la resolución del *Landtag* del 12 de abril de ese mismo año, por la cual se modificaban las pautas para elegir el Presidente del gobierno. De esa manera, se constatarían las condiciones objetivas para la aplicación del artículo 48, en su inciso primero, porque Prusia habría faltado a sus obligaciones al no perseguir la violencia supuestamente desencadenada por los comunistas.

2.3. *La sentencia del 25 de octubre de 1932*

La decisión del Tribunal Estatal resolvió básicamente dos cuestiones: la primera, la de la constitucionalidad del decreto del 20 de julio, y la segunda, la de la sustitución de los representantes prusianos en el *Reichstag* y el *Reichsrat*. Respecto de la primera, el Tribunal Estatal decidió que el decreto: "a los fines de restablecer la seguridad y el orden público en la región del Estado Libre de Prusia, es compatible con la

Constitución del Reich, en tanto se nombra Comisario
del Reich para el Estado Libre de Prusia al Canciller
del Reich, autorizándolo a privar a los Ministros de
Prusia de sus facultades oficiales de manera provisional, así como a asumir por sí mismo dichas facultades
o atribuírselas a otras personas haciendo uso de su
potestad como Comisario del Reich". Respecto de
la segunda cuestión, sostuvo que: "no obstante, este
Poder no se hacía extensivo para la privación de la
representación del Estado Federado de Prusia por
parte del Consejo de Ministros y sus miembros en
el *Reichstag* y *Reichsrat*, frente al Reich, el *Landtag,* el
Consejo Estatal, u otros Estados".

Para resolver de esta forma, el Tribunal Estatal
dividió las peticiones de los actores en tres grandes
grupos: i) aquellas referidas a la constitucionalidad
del decreto del 20 de julio y su ejecución; ii) las que
solicitaban un pronunciamiento sobre las medidas que
no podían efectuarse en virtud de la aplicación del
artículo 48 de la Constitución de 1919, y iii) aquellas
relacionadas con una decisión sobre el cumplimiento de deberes de Prusia ante el Reich. De estos tres
grupos de peticiones, los jueces descartaron de inicio pronunciarse sobre el segundo. Justificaron esta
reticencia con el argumento de que las contiendas
que contemplaba el artículo 19 de la Constitución
de Weimar no podían basarse en cuestiones abstractas, sino que debían referirse a relaciones jurídicas
concretas. Así, la solicitud de los Estados Federados
de Prusia, Baviera y Baden de que se determinara
en abstracto qué medidas podía o no tomar el Reich

en virtud del artículo 48 era, para el tribunal, una cuestión futura y, por lo tanto, no susceptible de ser parte de la sentencia.

La tercera cuestión, la del cumplimiento de deberes de Prusia ante el Reich, encuadrada en el inciso 1 del artículo 48, fue resuelta por el Tribunal Estatal como no probada. Como hemos visto, el gobierno del Reich acusaba a Prusia de haber sido cómplice de los simpatizantes comunistas que participaron de los disturbios y, entre otras cosas, de ser responsable por la no formación de gobierno en el *Landtag* y de la falta de lealtad hacia el Reich en las manifestaciones públicas del ministro SEVERING. Para el Tribunal Estatal, estas acusaciones fueron infundadas y, por lo tanto, insuficientes para que se configuren los requisitos para una intervención de acuerdo al artículo 48, inciso 1. Tanto la cuestión del gobierno interino, como las alegaciones de complicidad con el partido comunista, como las afirmaciones en contra del Reich pronunciadas por el ministro SEVERING serían parte de los "asuntos internos" de Prusia y, por lo tanto, no asimilables a un incumplimiento de deberes hacia el Reich por parte del Estado Federado de Prusia.

De esta manera, descartados estos dos tipos de peticiones, el tribunal se concentró en el análisis de la constitucionalidad del decreto del 20 de julio. Su argumentación partió de la pregunta de cómo debían interpretarse las destituciones de los cargos que incluyó su ejecución: en un sentido restringido, entendiendo que la destitución de los ministros era sólo temporal, o en un sentido amplio, conforme al cual la destitución de los funcionarios era de carácter definitivo. La interpretación del tribunal sostuvo que si bien el Reich había afirmado *a posteriori* que las destituciones y la intervención eran sólo de carácter temporal, del texto del decreto se derivaba una interpretación amplia, en el sentido de que se despojaba de manera permanente de sus cargos a los funcionarios.

El tribunal, entonces, se preguntó si esta interpretación del decreto de emergencia era compatible o no con la Constitución. Después de distinguir conceptualmente entre el inciso 1 y el 2 del artículo 48, concluyó que, en el caso, se aplica el segundo inciso y que, en ese sentido, es evidente que el decreto es constitucional, porque la situación de alteración del orden y la seguridad públicos también lo eran.

Ahora bien, frente a la pregunta acerca de la posible desviación o exceso del poder de intervención conforme al inciso 2, el tribunal entiende que no se ha probado una desviación (la acusación de que la intervención obedeció a una alianza con el partido NSDAP y no con la alteración del orden público) y que tampoco puede constatarse un exceso, porque mientras que el comisario actúe de acuerdo con la autorización del decreto, es decir, que las medidas que tome se relacionen con el restablecimiento del orden y la seguridad en Prusia, su actuar no sería pasible de escrutinio judicial, sino patrimonio de la discrecionalidad del Poder Ejecutivo.

En esta interpretación es donde el Tribunal Estatal, como veremos que destaca KELSEN en su comentario, parece ir aún más allá de lo solicitado por el Reich y da "rienda suelta" a las prerrogativas de emergencia del Presidente. El fin buscado –asegurar la paz y la seguridad interna– es más importante que cualquier otro objetivo y, por lo tanto, le da la mayor extensión posible a las prerrogativas presidenciales en tiempos de emergencia. El comisario del Reich sólo le rinde cuentas al Presidente, y el Tribunal Estatal sólo puede examinar sus medidas, en la medida en que se excedan de lo autorizado por el mismo decreto.

Sin embargo, se podría concluir que la sentencia sí intenta establecer cierto límite al desplazamiento de competencias de Prusia al Reich por medio del decreto, y es el que surge de la lectura conjunta de los artículos 17, 63 y 33[65] de la Constitución de Weimar. Conforme a esta interpretación, las medidas "prohibidas" en una intervención federal son aquellas que violen el principio federal garantizado en la Constitución.

---

65 El artículo 17 de la Constitución de Weimar sostenía que cada Estado Federado habría de tener una Constitución republicana y que la representación popular sería elegida por sufragio universal, igual, directo y secreto por todos los hombres y mujeres alemanes del Reich, de acuerdo con los principios de representación proporcional. Asimismo, aclaraba que las normas para las elecciones de la representación popular regirían también para las elecciones municipales. El artículo 63 sostenía que "Los Estados Federados estarán representados en el *Reichstag* por miembros de sus gobiernos" y el artículo 33 sostenía, entre otras cosas, que los Estados Federados se encontraban facultados para enviar representantes a las sesiones del *Reichstag* y sus comisiones, con la misión de exponer el criterio de su Gobierno respecto de la cuestión que se esté debatiendo.

Según surge de la segunda parte de la sentencia de fondo, el *Reichsrat* es considerado por el Tribunal Estatal como la institución federal por excelencia, en la que todos los Estados deben ser oídos. Y en este punto no importa si el gobierno del Estado Federado es provisional o permanente, en todos los casos el Reich no puede desequilibrar el reparto de poder entre los Estados Federados y el Reich en el *Reichsrat,* ni en ningún otro órgano donde se representen los intereses de los Estados Federados.

En síntesis, se podría concluir que la sentencia, por un lado, le da la razón a Prusia en lo que concierne a la sustitución de los representantes en el *Reichsrat*, pero, al mismo tiempo, no hace nada respecto de la situación de emergencia en la región y de la intervención del Reich. Incluso, se podría afirmar que amplía las facultades del comisario al sostener que la intervención y sustitución del gobierno podía tener un carácter permanente, con tal de que se lograra el restablecimiento del orden y la seguridad pública.

Esta ambivalencia de la sentencia se encuentra también entre sus críticos. La percepción generalizada es que el Tribunal Estatal le dio con una mano la victoria a Prusia, pero con la otra se la quitó. Sin embargo, en un primer momento, algunos confiaron en que la decisión del Tribunal Estatal representara un verdadero límite para la discrecionalidad del Ejecutivo[66]. Esto no fue lo que sucedió, y lo que confirmaron

---

66 ARNOLD BRECHT, *Prelude to silence. The end of the german republic,*

los hechos que se sucedieron en los siguientes meses fue que la llegada al poder de los nazis ya no tenía freno alguno. Entre quienes vivenciaron la caída de la República, la sentencia fue mayormente interpretada como un compromiso que evidenciaba la timidez del tribunal para pronunciarse con claridad en el caso[67]. En efecto, la sentencia no modificó en nada la situación política de Prusia: PAPEN permaneció como comisionado del Reich, y el Partido Socialdemócrata perdió toda influencia en la región.

3. TEORÍAS CONSTITUCIONALES EN DISPUTA: SCHMITT, HELLER Y KELSEN ANTE EL CASO PRUSIA CONTRA REICH

3.1. *Hermann Heller, abogado de la socialdemocracia*

En 1932, HELLER tenía 41 años y había llegado a lo que sería el mejor momento de su carrera. Era por entonces profesor en la Universidad de Frankfurt am

---

Nueva York, Oxford University Press, 1944. En contra de esta interpretación, WALTER JELLINEK, "Der Leipziger Prozeß", en *Reichsverwaltungsblatt und Preußisches Verwaltungsblatt*, 53, 1932, pp. 901-908. Para JELLINEK, el fallo no fue ni de compromiso ni salomónico, sino claramente a favor del Reich.

67 Por ejemplo, FRANZ NEUMANN, *Behemoth. Struktur und Praxis des Nationalsozialismus*, Frankfurt, Fischer, 1984. El historiador HANS MOMMSEN, por su parte, cree que la sentencia hizo que HINDENBURG se mantuviera en sus futuras acciones en los límites de la Constitución. HANS MOMMSEN, *The Rise and Fall of Weimar Democracy*, Chapel Hill, University of North Carolina Press, 1998, p. 453.

Main, un cargo que le había costado muchos años y esfuerzo conseguir, especialmente por su condición de jurista de izquierda y judío. El proceso ante el Tribunal de Leipzig lo empujó a una mayor visibilidad y renombre: lo puso en el centro de la discusión publicista de Weimar y a la par de juristas que habían sido sus profesores o con quienes discutía en sus obras, como Carl Schmitt.

Sus intervenciones en el proceso se destacan de todas las demás por dos cosas: su intensidad e impronta política. No sólo argumentaba Heller con un fuerte temperamento y pasión, generando incluso las burlas de otros abogados presentes, sino que recurría todo el tiempo a metáforas, ironías y conclusiones sarcásticas[68]. Frecuentemente, interrumpía con ataques a la parte demandada[69]. Incluso el presidente del Tribunal Estatal, Bumke, aunque guardando siempre la cordialidad con Heller, con frecuencia solía llamarlo al orden[70]. Tampoco desaprovechó la oportunidad que le daba el proceso para criticar dura y burlonamente, cada vez que pudo, las ideas de Carl Schmitt[71].

La argumentación de Heller, además, no descuidó los ribetes políticos del problema jurídico que era

---

68 Arnold Brecht, *Preußen contra Reich vor dem Staatsgerichtshof. Stenogrammbericht der Verhandlungen vor dem Staatsgerichtshof in Leipzig vom 10. bis 14. und vom 17. Oktober 1932*, Berlín, Dietz Nachfolger, 1933, pp. 417 y 458.

69 Ibíd., p. 468.

70 Por ejemplo, en Ibíd., p. 410.

71 Ibíd., pp. 292 y 470.

el centro del proceso. En contraste con la decisión tomada por los abogados de Prusia de mantener la disputa dentro de los límites jurídicos y así minimizar las cuestiones políticas[72], el argumento principal de HELLER se centraba en la dimensión política de la intervención del Reich: el decreto del 20 de julio sólo se entiende si se ponen en evidencia las negociaciones de PAPEN con el partido nazi. Los requisitos de hecho y de derecho para poder aplicar la intervención contemplada en el artículo 48 no estaban dados, por lo que eran otras las motivaciones de esa intervención.

El artículo que se incluye en esta edición fue publicado por HELLER antes del proceso de octubre y sintetiza muy bien los argumentos que defendió ante el Tribunal Estatal. Sin embargo, lo que predomina en él es la argumentación jurídica, que sólo veladamente deja ver la política. El principal eje de la publicación es el de demostrar que no existieron ni las condiciones de hecho ni de derecho para aplicar el artículo 48, y que, por lo tanto, el decreto del 20 de julio representa un "abuso en las formas" inconstitucional. En

---

72 Para KAISER, esto tuvo graves consecuencias en el plano práctico, porque así como se decidió mantener el problema en el ámbito jurídico, también se optó por no resistir por la fuerza la intervención del Reich, dejando actuar en su territorio a PAPEN y sus comisionados. ANDREAS KAISER, "Preußen *contra* Reich. Hermann Heller als Prozeßgegner Carl Schmitts vor dem Staatsgerichtshof 1932", en CHRISTOPH MÜLLER e ILSE STAFF, *Der soziale Rechtsstaat. Gedächtnisschrift für Hermann Heller*, Baden-Baden, Nomos, 1984, p. 296.

las audiencias ante el Tribunal Estatal en Leipzig, el eje es también este, pero además HELLER introduce en su argumentación, de manera hábil, los motivos "verdaderos" por los cuales se dictó el decreto.

Se podría decir que HELLER nunca puso en cuestión que el Presidente del Reich pudiera a hacer uso de la herramienta que le brindaba el artículo 48, en sus incisos 1 y 2. Lo que sí cuestionó es que jurídicamente se le pudiera dar una libertad ilimitada de acción al Ejecutivo. En su artículo del *Frankfurter Zeitung* sostiene que tal tipo de competencia sería una *contradictio in adjecto* (contradicción de términos). Además, entiende que el Tribunal Estatal se encuentra totalmente habilitado para examinar si los requisitos, de hecho y de derecho, se han dado para poder aplicar el artículo 48. La competencia de este tribunal para examinar actos de otros poderes, destaca, había sido señalada por el mismo tribunal en una sentencia previa de diciembre de 1931.

HELLER analiza de manera muy sistemática en su artículo, como lo haría poco después también en sus intervenciones durante el proceso, la existencia de los requisitos previos para una intervención federal y el alcance de las medidas tomadas por el comisario del Reich. En el caso de los requisitos del artículo 48, inciso 1, entiende que debería haberse probado un incumplimiento en sus deberes hacia el Reich por parte de Prusia. La alegación sobre el cambio en el reglamento para formar gobierno en el *Landtag* no tiene para él ninguna importancia jurídica y, por lo tanto, no podría ser invocado como incumplimiento de deberes. En relación a las medidas tomadas por el comisario, destaca que el Reich incurrió en exceso, porque aplicó medidas "desmesuradas". Esto es, pudo haber tomado un camino alternativo: concretar una audiencia previa en la que citara a Prusia y en la que se debatiera sobre el supuesto incumplimiento de deberes. También pudo haber seguido el procedimiento que establecía el artículo 15 de la Constitución del Reich[73]. Es por eso que HELLER habla de un "abuso de las formas", factible de ser comprobado por el Tribunal Estatal. En síntesis, desde su punto de vista, el decreto se sirve del inciso 1 de manera "desproporcionada", porque existían *otros medios idóneos* para servir a los mismos fines.

En relación al inciso 2 del artículo 48, HELLER distingue dos requisitos previos para que pueda proceder una intervención federal en razón de la alteración del

---

73 El artículo 15 de la Constitución de Weimar establecía que: "el gobierno del Reich ejerce la inspección en aquellos asuntos en que le compete el derecho de legislar. Cuando las leyes del Reich deban ser ejecutadas por las autoridades de los Estados Federados, podrá el Gobierno del Reich decretar instrucciones generales. Asimismo, se encuentra facultado para enviar comisarios con objeto de vigilar la ejecución de las leyes del Reich por las autoridades centrales de los Estados Federados y, con el beneplácito de éstos, a sus autoridades subalternas. Los gobiernos de los Estados Federados, a petición del Gobierno del Reich, vienen obligados a subsanar cuantas deficiencias surjan en la ejecución de las leyes del Reich. Si mediara divergencia de opinión, tanto del gobierno del Reich como el de los Estados Federados, pueden suscitar el caso ante el Tribunal Estatal, salvo que una ley del Reich determine otro Tribunal".

orden y la seguridad públicos: que los disturbios fueran más graves en Prusia que en otros Estados Federados y que el gobierno prusiano se hubiera negado o no pudiera proteger el orden en su jurisdicción. Desde la perspectiva de HELLER, ninguno de estos requisitos se cumplió, por lo tanto, el decreto es necesariamente inconstitucional. En cuanto a las medidas tomadas conforme al inciso 2, HELLER entiende que las mismas no cumplen con los tres límites que le establece la misma Constitución de Weimar: i) que sean necesarias, ii) que no alteren el mínimo organizativo de la Constitución y iii) que respeten la enumeración taxativa y no ejemplificativa de los derechos fundamentales que pueden suspenderse. Las medidas tomadas, entiende, no pueden ser nunca permanentes. Esto se derivaría de la propia naturaleza del estado de excepción. En el momento en que se les tomó juramento definitivo a los comisionados del Reich como ministros de Prusia, entonces se violó, como mínimo, el principio organizativo de la Constitución.

En síntesis, la argumentación de HELLER en el *Frankfurter Zeitung* es predominantemente jurídica, limitándose a demostrar que el nombramiento de un comisario del Reich para Prusia sólo podría ser constitucional, si los requisitos de hecho y de derecho del artículo 48, incisos 1 y 2, estuviesen dados. Asimismo, el diagnóstico que le merecen las medidas tomadas es expresado en términos muy jurídicos: "abuso de las formas", "desproporcionalidad" de los medios. Incluso habla de "medios alternativos" para la acción del Reich. En su actuación en el proceso, en cambio, su apuesta es fuertemente política. Podríamos agregar: realista. HELLER les habla a los integrantes del Tribunal Estatal, pidiéndoles que tomen conciencia del rol político que están cumpliendo en uno de los momentos clave para el futuro de la República de Weimar. Sin dejar de lado el argumento jurídico, que es el eje de sus intervenciones, pone en juego también las razones de ese incumplimiento de formas, motivos predominantemente políticos.

A diferencia de SCHMITT, que, como veremos, intenta demostrar que el Presidente es un actor neutral que en toda circunstancia actúa en defensa de la Constitución, sin inclinaciones partidarias y en pos de la unidad del Reich. HELLER, en cambio, pone de relieve el carácter eminentemente político del accionar de HINDENBURG. El decreto es un acto deliberado que proviene de las negociaciones entre PAPEN y los nazis[74], no un acto del Presidente del Reich en defensa de la República, como quiere ver SCHMITT. Esta figura no tiene un rol neutral, sino uno eminentemente político.

Este contrapunto pone de manifiesto las distintas concepciones acerca de la democracia de las que ambos juristas parten. Cuando HELLER habla de "estado de excepción" o de "emergencia" no se refiere a los conflictos políticos típicos de toda democracia

---

74 ARNOLD BRECHT, *Preußen contra Reich vor dem Staatsgerichtshof. Stenogrammbericht der Verhandlungen vor dem Staatsgerichtshof in Leipzig vom 10. bis 14. und vom 17. Oktober 1932*, Berlín, Dietz Nachfolger, 1933, pp. 76-77.

parlamentaria, incluso el tipo de conflictos que pre-
dominaban por esos años en Weimar debido a la
inestabilidad de coaliciones y partidos. Su idea de
situación excepcional tiene que ver con los ataques a
la democracia parlamentaria misma. La situación de
desorden y caos que podría habilitar una intervención
en los términos del artículo 48 es sólo aquella en la
que la democracia estuviera en peligro. Lo que no
sería la motivación del Reich con el decreto. Y esto
porque su concepción sobre la democracia incluye el
pluralismo y el conflicto[75].

No es este el caso de SCHMITT, por supuesto. Para
el jurista de Plettenberg, la democracia es unidad,
exclusión de lo diferente, anulación del conflicto[76]. Por
eso la excepción la configura casi cualquier tipo de
conflicto que atente contra esa tan deseada "unidad",
y de allí su desconfianza hacia los partidos políticos.

---

75 Sobre el pluralismo en HELLER y SCHMITT, ver PASQUALE PASQUINO,
"Politische Einheit, Demokratie und Pluralismus. Bemerkungen
zu Carl Schmitt, Hermann Heller und Ernst Fraenkel", en
CHRISTOPH MÜLLER e ILSE STAFF (eds.), *Staatslehre in der Weimarer
Republik: Hermann Heller zu ehren*, Frankfurt am Main, Suhrkamp
1985, pp. 114-127. He analizado la concepción de democracia de
HELLER en comparación con las de SCHMITT y KELSEN en LETICIA
VITA, *La legitimidad del derecho y del Estado en el pensamiento
jurídico de Weimar. Hans Kelsen, Carl Schmitt y Hermann Heller*,
Buenos Aires, Eudeba, 2014.

76 Ver especialmente, CARL SCHMITT, *Sobre el parlamentarismo*,
Madrid, Tecnos, 2002, pp. 13 y ss., y sobre el tema, CHANTAL
MOUFFE, "Carl Schmitt and the paradox of liberal democracy",
en DAVID DYZENHAUS (ed.), *Law as Politics: Carl Schmitt's Critique
of Liberalism*, Durham, Duke University Press, 1998, pp. 159-175.

Mientras que para Schmitt el artículo 48 permite la creación de un nuevo orden constitucional, donde el Presidente pasa a ocupar un rol preponderante, para Heller el artículo 48 es en realidad un remedio de última *ratio*. El Estado de excepción siempre debería ayudar a volver a la normalidad constitucional y no perpetuar la "anormalidad".

Pero además de lo que dan cuenta también las intervenciones de Heller en el proceso es de su particular concepción del sistema jurídico. Para Heller, el derecho se compone tanto de reglas como de principios[77], y es por eso que la Constitución de Weimar no puede, desde su perspectiva, reducirse a un mero papel. Los principios de la democracia y de la justicia social la impregnan, y por eso deben ser tenidos en cuenta a la hora de interpretar el artículo 48. Cuando Heller llama a los jueces del Tribunal Estatal a salvar la democracia de quienes la amenazan, no está haciendo otra cosa que pidiéndoles que introduzcan estos principios en la interpretación de la Constitución. Por eso, también podemos decir que Heller llama a los jueces a aplicar un particular tipo de interpretación del derecho. Una que incluya los principios suprapositivos del derecho, como parte del mismo.

Esto no se contradice con las ideas de Heller sobre los jueces de Weimar o sobre el control jurisdiccional de la Constitución. Como otros juristas socialde-

---

77 Hermann Heller, *Teoría del Estado*, México, Fondo de Cultura Económica, 1992, p. 275.

mócratas, HELLER descreía de los jueces de Weimar,
ligados al viejo orden imperial y, en su mayor parte,
monárquicos y poco adeptos a la República[78]. Su
temor a que estos jueces detuvieran el avance hacia
la consagración de un verdadero Estado social de
derecho lo llevó a no poner demasiadas esperanzas
en el control jurisdiccional de las leyes, sino más
bien desconfianza y recelo. Por eso, también en 1928
había demostrado su desacuerdo con KELSEN respecto
de la necesidad de un Tribunal Constitucional para
Weimar[79]. Sin embargo, HELLER también es un realista y un demócrata convencido. Siendo consiente
del rol político que cumple todo juez en el marco

---

78 Por ejemplo, en HERMANN HELLER, "¿Estado de Derecho o
Dictadura?", en HERMANN HELLER, *Escritos políticos*, Madrid,
Alianza, 1985, p. 288.

79 HELLER ya había intervenido en contra de las ideas de KELSEN
sobre el tema en la reunión de *Deutschen Staatsrechtslehrer* del 23
y 24 de abril de 1928, que tuvo lugar en Viena y en la que KELSEN
y TRIEPEL discutieron sobre la naturaleza y el desarrollo de la jurisdicción estatal *(Wesen und Entwicklung der Staatsgerichtsbarkeit)*.
HEINRICH TRIEPEL, HANS KELSEN, MAX LAYER y ERNST VON HIPPEL,
*Wesen und Entwicklung der Staatsgerichtsbarkeit- Überprüfung
von Verwaltungsakten durch die ordentlichen Gerichte*, Veröffentlichungen der Vereinigung der Deutschen Staatsrechtslehrer,
Cuaderno 5, Berlín y Leipzig, Walter de Gruyter & Co., 1929,
especialmente pp. 111 y ss. En líneas generales, descreía de la
justiciabilidad constitucional de derechos individuales, por
eso, en todo caso, pensaba primero en algún tipo de control
de la justicia administrativa. Ver también MICHAEL HENKEL,
Hermann Hellers Theorie der Politik und des Staates, Tübingen,
Mohr Siebeck, 2011, p. 505.

de un Estado de derecho, apuesta en el proceso de Leipzig a que los jueces del Tribunal Estatal tomen una posición respecto de la crisis de la República. Los principios de la Constitución de Weimar dependían de ello y él lo sabía.

3.2. *Carl Schmitt, abogado del Reich*

1932 fue un año trágico para la República, pero uno muy productivo para CARL SCHMITT. Como adelantamos, SCHMITT era por entonces el centro de la atención académica, especialmente tras la publicación de una nueva versión extendida de *El concepto de lo político*. Su presencia en Berlín le aseguraba, además, la influencia política que siempre había ambicionado y, en efecto, su transformación de profesor a consultor del Gobierno tuvo que ver con esta proximidad. Durante 1929, había tomado contacto con JOHANNES POPITZ, un secretario del Ministerio de Finanzas, y con el confidente de HINDENBURG, KURT VON SCHLEICHER[80]. Ese vínculo explica mucho del protagonismo que tuvo en los eventos políticos de esos años.

SCHMITT se enteró del golpe del 20 de julio, a través de la prensa. Esto lo decepcionó un poco, probablemente esperaba haber sido consultado antes[81]. Sin

---

80 JOSEPH BENDERSKY, *Carl Schmitt. Theorist for the Reich*, Princeton, Princeton University Press, 1983, p. 113.

81 GABRIEL SEIBERTH, *Anwalt des Reiches. Carl Schmitt und der Prozess Preußen contra Reich vor dem Staatsgerichtshof*, Berlín, Duncker & Humblot, 2001, p. 97.

embargo, a pocos días del golpe, cuando se reunió el gabinete de gobierno para decidir sobre el curso del proceso, fue el mismo PAPEN quien informó que se había tomado la decisión de incluir a SCHMITT en el equipo de juristas de la defensa. También informó que el jurista iba a publicar, el 29 de julio, en el *Deutsche Juristen-Zeitung,* un artículo sobre la legalidad de la decisión del Reich[82]. Se sabe que fue KURT VON SCHLEICHER quien había insistido en que llamaran a SCHMITT para la defensa del Reich[83]. Y de esta manera

---

82 JOSEPH BENDERSKY, *Carl Schmitt. Theorist for the Reich*, Princeton, Princeton University Press, 1983, p. 157. El artículo apareció en realidad el 1° de agosto, dos meses antes de que empezara el juicio, con el título *Die Verfassungsmäßigkeit der Bestellung eines Reichskommissars für das land Preußen*, (La constitucionalidad del nombramiento de un comisario del Reich para Prusia), en el *Deutsche Juristen Zeitung*.

83 GEORGE SCHWAB, *The Challenge of the exception. An introduction to the political ideas of Carl Schmitt between 1921 and 1936*, Berlín, Duncker & Humblot, 1970, p. 15. En ese sentido, JOHN MCCORMICK advierte que no sólo fue SCHMITT consejero del Reich, sino que es muy posible que sus ideas hubieran sido transmitidas por KURT VON SCHLEICHER O FRANZ VON PAPEN –o ambos– al presidente PAUL VON HINDENBURG. Es un hecho que asistentes de SCHLEICHER y PAPEN citaban la obra de SCHMITT en distintas estrategias políticas y jurídicas de finales de la República. JOHN MCCORMICK, "An Introduction to Carl Schmitt´s Legality and Legitimacy", en *Carl Schmitt, Legalitiy and Legitimacy*, Durham & London, Duje University Press, 2004. En sentido contrario se ubica el biógrafo de SCHMITT, BENDERSKY. Para él, las ideas de SCHMITT no influyeron en los acontecimientos, pero ayudaron a justificarlos *post facto*. Para un análisis del rol de SCHMITT en el proceso, ver GABRIEL SEIBERTH, *Anwalt des Reiches. Carl Schmitt*

es que SCHMITT se convirtió en el *"Kronjurist"* del gobierno de PAPEN. ¿Quién otro sino quien ya se había pronunciado públicamente tantas veces a favor de la dictadura presidencial?

En la primavera de 1932, SCHMITT estaba escribiendo su obra *Legalidad y legitimidad*, pero aún no la había terminado para cuando estallaron los acontecimientos de julio. Los hechos en Prusia lo llevaron a adelantar la publicación de algunas partes de su obra, en distintos periódicos conservadores[84] y, finalmente, publicó el libro completo ese mismo verano, en Múnich y Leipzig, por la editorial Duncker y Humblot, antes del proceso de octubre[85]. Esta obra logró el impacto que seguramente se proponía, ya que, en efecto, fue citada numerosas veces durante el proceso ante el Tribunal Estatal. Su visibilidad no podía ser más

---

und der Prozess, *Preußen contra Reich vor dem Staatsgerichtshof*, Berlín, Duncker & Humblot, 2001; ERNST RUDOLF HUBER, "Carl Schmitt in der Reichskrise der Weimarer Republik", en HELMUT QUARITSCH, *Complexio Oppositorum. Über Carl Schmitt*, Berlín, Duncker & Humblot, 1988, pp. 33-50; DIRK BLASIUS, *Carl Schmitt. Preußischer Staatsrat in Hitlers Reich*, Göttingen, Vandenhoeck und Ruprecht, 2001, pp. 15-70. También una de sus más recientes biografías: REINHARD MEHRING, *Carl Schmitt. Aufstieg und Fall*, Múnich, Beck, 2009.

84 CARL SCHMITT, "Legalität und gleicher Chance politischer Machtgewinnung", *Deutsches Volkstum*, 2, jul. 1932, pp. 557-564 y CARL SCHMITT, "Der Missbrauch der Legalität", *Tägliche Rundschau*, 19, 1932.

85 La primera edición incluye la advertencia de que el texto había sido terminado el 10 de julio de 1919.

alta. Por primera vez, sus ideas eran discutidas en el tribunal más importante de la República de Weimar.

En contraste con HELLER, SCHMITT es descripto en su intervención profesional en el proceso como respetuoso y guardando siempre la compostura[86]. Sin embargo, la argumentación temperamental de HELLER lo enfurecía. En su diario, describe al jurista socialdemócrata como histérico, cambiante de humor[87]. En SCHMITT, sin embargo, la compostura no quería decir menor contienda. Guardando las formas, deja deslizar en sus intervenciones frecuentes y elocuentes ataques a sus contrincantes. Como se aprecia muy bien en su alegato final, SCHMITT no utiliza medias tintas en sus argumentos, tampoco en sus ataques a HELLER, VON JAN, BRECHT y el resto de los representantes de Prusia, Baviera y Baden. En su fuero interno, no obstante, el jurista de Plettenberg no se hacía grandes esperanzas del proceso[88], y así tomó también la sentencia del 25 de octubre, que interpretó como una derrota

---

86 JOSEPH BENDERSKY, *Carl Schmitt. Theorist for the Reich*, Princeton, Princeton University Press, 1983, p. 166.

87 CARL SCHMITT, *Tagebücher 1930-1934*, Berlín, Akademie Verlag, 2010, p. 225.

88 En el primer día de las deliberaciones, el 10 de octubre, SCHMITT escribía en su diario que BUMKE había estado grandioso; BRECHT, "sentimental" y muy "peligroso"; HELLER, "horrible", y GOTTHEINER, también "horrible", y que al final de la jornada del 14 de octubre estaban junto con JACOBI, BILFINDER y JELLINEK, todos "deprimidos" por el progreso del proceso. CARL SCHMITT, *Tagebücher 1930-1934*, Berlín, Akademie Verlag, 2010, pp. 224-227.

profesional y personal[89] y como la confirmación de sus recelos sobre el rol de las cortes como guardianas de la Constitución[90].

En el alegato final ante el Tribunal Estatal, texto que aquí incluimos, SCHMITT recoge las principales ideas que fue desarrollando a lo largo de sus intervenciones en el proceso. De la misma manera en que lo hiciera HELLER durante el juicio, SCHMITT destaca la naturaleza política del problema jurídico planteado. Pero a diferencia del jurista socialdemócrata, no lo hace para atacar el decreto del 20 de julio, sino para cuestionar la legitimación activa de las facciones del SPD y del *Zentrum*, o bien la presencia de un gobierno depuesto como el de Prusia, como principal demandante. Inicia su alegato refiriéndose a las "formalidades" que no son tales. Las cuestiones jurídicas en juego, concernientes a la legitimación activa ante el Tribunal Estatal –pero también, en el fondo todo el proceso– son para SCHMITT problemas eminentemente políticos y no jurídicos.

Ante la pregunta sobre la constitucionalidad de la intervención en Prusia, SCHMITT responde afirmativamente. Desde su perspectiva, Prusia no puede

---

89 GOPAL BALAKRISHNAN, *The Enemy. An Intellectual Portrait of Carl Schmitt*, Londres, Verso, 2000, p. 170; GABRIEL SEIBERTH, *Anwalt des Reiches. Carl Schmitt und der Prozess Preußen contra Reich vor dem Staatsgerichtshof*, Berlín, Duncker & Humblot, 2001, p. 180.

90 JAN WERNER MÜLLER, *A Dangerous Mind. Carl Schmitt in Post-War European Thought*, New Haven y Londres, Yale University Press, 2003, p. 36.

alegar su "autonomía" para cuestionar un mecanismo que está contemplado en la propia Constitución. Incluso, casi como provocación, alega que la autonomía de ese Estado Federado es lo que ha defendido el Presidente del Reich al dictar el decreto. Son los partidos políticos los que, desde su punto de vista, atentan contra ella. Esta acusación, que despierta la exasperación de Heller en el recinto, no es otra cosa que una manifestación de la concepción democrática de Schmitt. Los partidos políticos ya no se enfrentan como opiniones contrapuestas, sino como intereses de grupos[91]. La política de partidos, propia de las democracias parlamentarias, termina llevando a la guerra civil, a la ruptura de la unidad interna[92] y, por eso, debe ser combatida. En el caso de Prusia, esto se vería muy claro: las acciones llevadas a cabo para detener el avance nazi sólo conducirían a la guerra civil, y como tal precisarían ser detenidas por la intervención del Reich[93].

¿Quién es entonces el guardián de la Constitución? Es inevitable vincular los dichos de Schmitt en el proceso de Leipzig con las ideas que intercambió

---

91   Carl Schmitt, *Sobre el Parlamentarismo*, Madrid, Tecnos, 2002, p. 9.

92   Carl Schmitt, *El concepto de lo político*, Madrid, Alianza, 1991, p. 41.

93   Arnold Brecht, *Preußen contra Reich vor dem Staatsgerichtshof. Stenogrammbericht der Verhandlungen vor dem Staatsgerichtshof in Leipzig vom 10. bis 14. und vom 17. Oktober 1932*, Berlín, Dietz Nachfolger, 1933, pp. 180-181 y 289-291.

con KELSEN acerca de la defensa de la Constitución, entre 1928 y 1931. En efecto, su participación ha sido leída como la continuación de su debate con KELSEN acerca del guardián de la Constitución[94] y, por cierto, sigue en gran parte los argumentos desarrollados en su obra de 1931, *El defensor de la Constitución*[95], a los que le suma la visión de *Legalidad y legitimidad*. Pero la diferencia con sus ideas de entonces es que, en el marco del proceso, las aplica por primera vez a un caso concreto y crucial para la suerte de la República.

En su alegato final, SCHMITT recupera esta pregunta, para referirse al caso del Tribunal Estatal de Leipzig como defensor de la Constitución. Y entiende que en

---

94   STANLEY PAULSON, "Subsunción, política jurídica y el reproche de 'formalismo'. La discusión acerca del 'guardián de la Constitución", en NANCY CARDINAUX, LAURA CLÉRICO y ANÍBAL D'AURIA (coord.), *Las razones de la producción del derecho. Argumentación constitucional, argumentación parlamentaria y argumentación en la selección de jueces*, Buenos Aires, Departamento de Publicaciones, Facultad de Derecho, UBA, 2006. En el mismo sentido, LARS VINX, *The Guardian of the Constitution Hans Kelsen and Carl Schmitt on the Limits of Constitutional Law*, Cambridge, Cambridge University Press, 2015. Sobre el debate en cuestión, ver el excelente trabajo de CARLOS MIGUEL HERRERA "La polémica Schmitt-Kelsen sobre el guardián de la Constitución", en *Revista de Estudios Políticos. Nueva Época*, n.° 86, 1994, pp. 195-227.

95   En realidad SCHMITT ya se había ocupado de la cuestión en dos publicaciones anteriores: *Der Hüter der Verfassung*, de 1929, en *Archiv für das öffentliches Recht*, y en *Das Reichsgericht als Hüter der Verfassung*, en un trabajo colectivo compilado por OTTO SCHREIBER titulado *Die Reichsgerichtspraxis im deutschen Rechtsleben*, también de 1929.

cierto sentido lo es, pero sólo de una manera muy restringida, en lo que refiere a la formalidad de los procesos jurídicos. El problema es cuando esas formalidades son en realidad cuestiones "políticas" y no meras formas, entonces la tarea le queda muy grande al poder judicial[96]. Cuando se trata de defender la Constitución, cuya naturaleza es para SCHMITT más bien política que jurídica, entonces su defensor sería el Presidente del Reich. Las "cuestiones políticas" no pueden ser resueltas por un juez. Así, en su propio alegato ante el Tribunal Estatal, SCHMITT se permite cuestionar el rol que estaban cumpliendo los jueces de Leipzig: no tienen mucho que decir sobre la intervención del Reich, porque es una cuestión que simplemente no les concierne.

Así podemos apreciar la idea sobre la interpretación judicial y el rol de los jueces que esgrime SCHMITT. La función judicial ya lo había ocupado tempranamente en su obra[97], pero es recién en su debate con KELSEN

---

96   ARNOLD BRECHT, *Preußen contra Reich vor dem Staatsgerichtshof. Stenogrammbericht der Verhandlungen vor dem Staatsgerichtshof in Leipzig vom 10. bis 14. und vom 17. Oktober 1932*, Berlín, Dietz Nachfolger, 1933, pp. 466-467.

97   La primera referencia de SCHMITT al poder judicial y a la interpretación judicial aparece en 1912, en su obra *Gesetz und Urteil. Eine Untersuchung zum Problem der Rechtspraxis* (Ley y juicio. Examen sobre el problema de la praxis judicial), recientemente traducida al español por MONTSERRAT HERRERO, en CARL SCHMITT, *Posiciones ante el Derecho*, Madrid, Tecnos, 2012. Allí SCHMITT realiza una crítica a la dogmática jurídica tradicional sobre la interpretación del derecho y cuestiona el

cuando se pronuncia abiertamente sobre la función de los jueces en la democracia. Como el mismo KELSEN destaca, la visión de SCHMITT termina asimilándose a la idea de que el juez es un "autómata" de la ley, y que en sus sentencias no hay ningún tipo de decisión con carácter político. En definitiva, lo que la doctrina constitucional suele llamar "cuestiones políticas no justiciables"[98] es para el jurista de Plettenberg una problemática propia de la procura del Poder Judicial por mantenerse dentro de sus atribuciones. Esto, entiende, no debe considerarse como signo de "una mera precaución política" o como "mezquindad de subalterno", ni debe tildarse, por esta razón, como un acto reprobable, sicológica o sociológicamente, sino que demuestra que es impropio atribuir a los jueces ciertas funciones que rebasan el ámbito de una subsunción real[99].

Esta visión tan simplificada sobre el rol y la función de los jueces es criticada por KELSEN, recurriendo al propio concepto de derecho schmittiano. La idea de que el derecho no es sólo norma, sino también decisión

---

método exegético de interpretación. La fórmula que defiende es que una decisión judicial es correcta cuando otro juez hubiera decidido en el mismo sentido. El juez, desde esta perspectiva, nunca crea derecho, sino que se somete a él.

98   La tesis de las *political questions* o "cuestiones políticas no justiciables" fue expuesta como doctrina tribunalicia, por primera vez, de modo preciso, en el célebre caso Marbury vs. Madison (1803).

99   CARL SCHMITT, *La defensa de la Constitución*, Barcelona, Labor, 1931, pp. 66-67.

ya había sido argumentada por SCHMITT incluso antes de expresarlo con más extensión y complejidad en 1934, en su *Über die drei Arten des rechtswissenschaftlichen Denkens (Sobre los tres modos de pensar la ciencia jurídica)*. Para KELSEN, el análisis de SCHMITT parte del presupuesto erróneo de que existe una contradicción esencial entre la función jurisdiccional y las funciones "políticas", y que en particular, la decisión sobre la constitucionalidad de las leyes es un acto político. Presuponer que el ejercicio del poder termina en el proceso legislativo es falso, ya "que no se ve, o no se quiere ver, que el ejercicio del poder encuentra su muy especial continuidad e incluso hasta su efectiva iniciación en la jurisdicción"[100], no menos que en la administración. Para KELSEN la contradicción entre jurisdicción y legislación no existe, ya que si se mira a la "política" como "decisión" en orden a la resolución de los conflictos de intereses (para hablar con la terminología de SCHMITT), entonces en toda sentencia judicial se puede encontrar un elemento de decisión y de ejercicio del poder[101].

Ahora bien, si para SCHMITT el Tribunal Estatal no podía ocuparse de la defensa de la Constitución, la tarea quedaba entonces en manos del Presidente del Reich. En efecto, las primeras intervenciones del jurista ante el tribunal retoman los dichos de BRECHT, quien

---

100 HANS KELSEN, *¿Quién debe ser el defensor de la Constitución?*, Madrid, Tecnos, 1985, p. 18.
101 Ibíd., p. 19.

arrancó presentando los argumentos de Prusia leyendo
párrafos completos de su *Legalidad y legitimidad*. Lo que
SCHMITT agrega a esa intervención es que BRECHT había
olvidado referirse a *quién* debía decidir, es decir, quién
debe determinar qué partido o facción es enemiga de
la Constitución o a qué facción se le debe negar la
igualdad de chance[102]. Para SCHMITT, un partido político
(el SPD para el caso que presentaba Prusia) no puede
determinar la legalidad o ilegalidad de otro. Sólo una
fuerza neutral, el Presidente del Reich, puede hacer
tal distinción, y eso lo convertiría en un actor clave de
la defensa constitucional. Así, la pregunta importante
para SCHMITT no es a qué partido dejar fuera del juego,
sino *quién* se encuentra capacitado para hacerlo. La
alerta que SCHMITT anunciaba en *Legalidad y legitimidad*
respecto de que la Constitución de 1919 habilitaba
la posibilidad de una "revolución legal" por medio
de la cual el partido que logre una mayoría declare
ilegal a la minoría restante, cerrando de modo legal la
puerta de la legalidad,[103] efectivamente se cumplió, y
gracias a la intervención del presidente HINDENBURG.
Sin embargo, ya sea por convencimiento personal o
por ocasionalismo político[104], SCHMITT no hablaba en

---

102 ARNOLD BRECHT, *Preußen contra Reich vor dem Staatsgerichtshof.
     Stenogrammbericht der Verhandlungen vor dem Staatsgerichtshof
     in Leipzig vom 10. bis 14. und vom 17. Oktober 1932*, Berlín, Dietz
     Nachfolger, p. 39.

103 CARL SCHMITT, *Legalidad y legitimidad*, Buenos Aires, Struhart,
     2002, p. 48.

104 En resumen, siguiendo dos posibles lecturas sobre la par-

1931-1932 del peligro de una dictadura nazi, sino de un avance del partido comunista en el poder.

La interpretación schmittiana sobre el artículo 48 lo lleva, finalmente, a encontrar en el Presidente la figura adecuada para el afianzamiento de la democracia plebiscitaria. No sólo sus atribuciones conforme a este artículo, sino también la forma de su elección, le otorgarían neutralidad e independencia respecto de los partidos políticos. Además, sus facultades políticas frente al poder Legislativo, como la de disolver el *Reichstag* y promover plebiscitos, serían por naturaleza facultades de "apelación al pueblo"[105] que lo posicionarían como contrapeso al pluralismo de los grupos sociales y económicos del poder, garantizando la unidad del pueblo como conjunto político. Así, desde la perspectiva de Schmitt, es en realidad la misma Constitución la que ha nombrado a su protector. Tanto por su estabilidad y permanencia relativa (mandato por siete años, dificultad de su revocación, independencia con respecto a las cambiantes mayorías parlamentarias), como también por el género de sus atribuciones y su forma de elección, el Presidente

---

ticipación de Schmitt que circulan en sus especialistas, uno podría leer la intervención de Schmitt desde la perspectiva del "ocasionalismo" (Löwith, Habermas) o bien desde la autenticidad de sus ideas y su vinculación con su concepción de la democracia.

105 Carl Schmitt, *La defensa de la Constitución*, Barcelona, Labor, 1931, p. 194.

del Reich habría sido pensado como el indicado para resolver conflictos como el de Prusia contra el Reich.

3.3. *El comentario de Hans Kelsen sobre la sentencia*

Como adelantamos, KELSEN escribió un comentario sobre la sentencia del Tribunal Estatal que fue publicado en la revista *Die Justiz*, el mismo medio que había elegido para publicar su famoso escrito sobre el defensor de la Constitución. Este comentario, incluido en el número de noviembre/diciembre de 1932, tiene claramente otros destinatarios y otros fines que los escritos de HELLER y de SCHMITT. En primer lugar, y evidentemente, porque fue escrito cuando los hechos ya habían sido consumados y el tribunal ya se había pronunciado sobre el caso. La sentencia no podía cambiarse, con lo que a lo que apuesta KELSEN, veremos, es en todo caso a una reflexión *ex post facto* que motive algún tipo de cambio legislativo-constitucional.

El texto se divide básicamente en una crítica al decreto del 20 de julio y otra a la sentencia del Tribunal Estatal de Leipzig. En el primer caso, KELSEN se concentra en los dos principios constitucionales que el decreto violaría: el federal y el democrático. Ambos, considera, son principios fundamentales consagrados en la Constitución de 1919 que el decreto de julio vino a destruir. Desde esta perspectiva, el decreto proclama una trasferencia de competencias que hace que Prusia ya no sea un Estado Federado en el marco de un Estado federal, sino una provincia, dependiente totalmente del poder central. Así, el decreto rompería, tanto en

el ámbito del poder Ejecutivo como del Legislativo,
el principio federal que garantiza un equilibrio de
poder entre los Estados Federados entre sí y con el
Reich. En el ámbito del Ejecutivo, además, atentaría
contra el principio democrático, ya que reemplaza a
los representantes elegidos por los ciudadanos del
Estado Federado, por otros, elegidos por el gobierno del Reich. Y aquí, aclara KELSEN, no importa que
HINDENBURG sea elegido por todos los ciudadanos
alemanes. El principio democrático, entiende, se viola desde el momento en que la autodeterminación
de los Estados Federados se ve menoscabada por
la intervención del Reich. Así, la centralización de
las funciones, dice KELSEN, es equivalente a la desdemocratización en el ámbito de Prusia. Por eso no
es relevante que el Presidente goce de legitimidad
directa, porque es la autodeterminación de Prusia la
que se encuentra en juego, no la autodeterminación
del Reich. De esta manera, el principio federal y el
democrático se interrelacionan para KELSEN, y contra
ambos se dirige la intervención del Reich.

Ahora bien, la sentencia es el principal objeto de
estudio del jurista de Viena, y contra ella lanza una
serie de críticas que se giran especialmente en torno
a la inconsistencia interna del fallo. La decisión del
Tribunal Estatal es básicamente contradictoria. Con la
claridad analítica que caracteriza a sus textos, KELSEN
identifica en la sentencia al menos tres formulaciones
distintas de la interpretación del decreto que realiza el
Tribunal Estatal. De la más amplia a una más restrictiva,
pero todas distintas entre sí y contradictorias. Pero

sin duda, la cuestión más grave la encuentra Kelsen en la sentencia misma. Como toda decisión judicial, se divide en "fundamentos" y el "fallo" o la sentencia en sentido estricto. Kelsen evidencia que el Tribunal Estatal sólo habla de cierta "inconstitucionalidad" (y no para todo el decreto) en los fundamentos de la sentencia y no en el fallo. Esto, entiende, es un sinsentido, porque sólo es posible ejecutar el fallo y no los fundamentos. En otras palabras, si el tribunal hubiese querido declarar nulo el decreto, tendría que haberlo incluido en los párrafos de su sentencia y no en los fundamentos. Como no lo hizo, el decreto es en todo constitucional.

Esto nos lleva a un último problema que encuentra Kelsen en la sentencia: el de una supuesta "divisibilidad" del decreto. Con esto, se refiere al hecho de que el tribunal parece señalar que una parte del decreto, aquella que se refiere a la representación de Prusia en el *Reichsrat*, es inconstitucional; mientras que el resto no lo sería. Frente a esto, Kelsen entiende que no hay manera de diferenciar entre partes del decreto del 20 de julio. Como tampoco se puede, como intenta el tribunal, diferenciar entre funciones que pueden sustraerse a los ministros de Prusia y otras que no. La ficción que intenta crear el tribunal de mantener un gobierno de Prusia, pero sin sus funciones esenciales, no se sostiene en el derecho positivo. Quitarle su función de representación a un gobierno es quitarle su esencia misma.

El balance que realiza Kelsen del fallo del Tribunal Estatal es, por lo tanto, negativo. La sentencia es mala no sólo porque es contradictoria, sino porque no puede ser ejecutada. El Tribunal Estatal, concluye, no ha salvado a la Constitución de Weimar. Pero no por culpa enteramente suya, sino por la propia Constitución. Es la mala técnica legislativa de la Constitución la que hizo posible que, en virtud del artículo 19, la ejecución de toda sentencia del Tribunal Estatal quede a cargo del Presidente del Reich. ¿Cómo, entonces, exigirle al Presidente que ejecute un fallo en su contra? Incluso aunque la sentencia del Tribunal Estatal hubiese declarado la inconstitucionalidad del decreto del 20 de julio, la ejecución de la misma hubiera estado comprometida por los intereses del Reich.

El segundo error de la Constitución de Weimar es, para KELSEN, como se podría predecir tanto de su trayectoria en Austria como por sus escritos, el de no haber incluido un Tribunal Constitucional. Esta precaución hubiera librado a la República del problema al que se estaba enfrentando. Las disposiciones sobre el Tribunal Estatal que se encuentran en la Constitución de 1919 no son para KELSEN más que "improvisaciones" que no aseguran en nada a la Constitución. Seguramente, sostiene Kelsen, no estaba en la intención de los constituyentes de Weimar dejar la puerta tan abierta a la posibilidad de que, por acción del artículo 48, el país pasara de federal a unitario. Pero las constituciones, desde su perspectiva, no pueden determinar un sentido de interpretación para siempre. Por eso, si bien es valorable el intento del tribunal de "limitar" la acción del Presidente por vía de la interpretación, es un intento fallido. Este límite sólo puede ganarse por vía constitucional. Es decir, para Kelsen, Weimar esta condenada por su propia Constitución.

Esta conclusión del análisis kelseniano nos habla muy claramente de sus ideas sobre el control jurisdiccional y su concepción sobre la interpretación del derecho. Como expresara ya en *¿Quién debe ser el defensor de la Constitución?*, para Kelsen, la justicia comienza precisamente a funcionar cuando las normas se vuelven dudosas o controvertidas en cuanto a su contenido. Por más de que la *Teoría pura del derecho* reniegue metodológicamente de incluir al poder en los ámbitos de la ciencia jurídica, es totalmente consciente de que detrás del derecho, se encuentra, en definitiva, el poder. Para Kelsen, como hemos dicho, en todos los casos de actuación judicial, tanto en sentencias comunes como aquellas de contenido constitucional, la justicia se pronuncia sobre cuestiones dudosas[106]. Es precisamente este su ámbito de actuación, y en todo caso, si lo que se quiere es delimitar lo mejor posible ese campo, eso dependerá del poder discrecional que la legislación general le otorgue al juez. Por eso, las leyes, especialmente aquellas que determinan los derechos fundamentales, no deben ser formuladas en términos demasiado generales, ni emplear terminología difusa como "libertad", "igualdad" o "justicia", a fin de que no exista un desplazamiento

---

106 Hans Kelsen, *¿Quién debe ser el defensor de la Constitución?*, Madrid, Tecnos, 1985, p. 26.

del poder del Parlamento al Tribunal Constitucional[107].
Como en su análisis de la sentencia, KELSEN ubica la
mayor responsabilidad en el derecho positivo, no en
las personas que deberían interpretarlo o ejecutarlo.

KELSEN ya había destacado en su debate con SCHMITT
sobre el guardián de la Constitución que la interpretación de este sobre el artículo 48 era extremadamente
extensiva[108]. Y advertía entonces también que SCHMITT
parecía ignorar todo el tiempo la posibilidad de que
el Presidente fuera quien viole la Constitución, especialmente a partir del mal uso del artículo 48, lo
que efectivamente estaba sucediendo en los hechos
de 1932 y que, tiempo después, el mismo KELSEN
identificaría como una de las causas de la caída de
la democracia en Alemania[109].

Finalmente, en la concepción democrática de KELSEN,
al igual que en la de HELLER, los partidos políticos,
el pluralismo y el conflicto tienen un rol distinto
que en la de SCHMITT. Las minorías son relevantes en
el planteo democrático kelseniano. Es por eso que
también critica la idea de la legitimidad plebiscita-

---

107 Aunque este, sugiere KELSEN, no es un problema específico de la
jurisdicción constitucional, sino que se plantea asimismo para
los casos de los tribunales civiles, penales y administrativos.
HANS KELSEN, *¿Quién debe ser el defensor de la Constitución?*,
Madrid, Tecnos, 1985, pp. 33-34.

108 Ibíd, p. 13.

109 HANS KELSEN, "Judicial Review of Legislation: a Comparative
Study of the Austrian and the American Constitution", *The
Journal of Politics*, vol. 4, n.° 2, 1942, pp. 183-200.

ria del Presidente del Reich como fundamento de su "neutralidad". Kelsen resalta la circunstancia de que, en realidad, el Presidente es elegido por una mayoría, nunca por la totalidad del pueblo, sin dejar de lado el hecho de que es sumamente cuestionable que exista una voluntad general, uniforme y reconocible en la población[110]. La elección por sufragio directo tampoco ofrecería ninguna garantía para que la función de equilibrar intereses antagónicos del Presidente sea llevada a cabo con éxito. Y como ya lo expresara tempranamente en su ensayo *Wesen und Wert der Demokratie (Esencia y valor de la democracia)*, de 1920, la democracia significa "autodeterminación", "autogobierno". Y por las distintas trasformaciones que ha ido sufriendo en su historia, la democracia de nuestros días es representativa y precisa de los partidos políticos y del Parlamento para funcionar[111]. Su concepción "formal" o "procedimental" de la democracia explica también que no cuestione a la Constitución de Weimar su neutralidad valorativa, o que justifique la posibilidad de excluir a los partidos antisistema del juego político.

En síntesis, es posible identificar elementos de todas estas ideas en el comentario que hace Kelsen sobre la sentencia de Leipzig. El análisis es coherente

---

110 Hans Kelsen, *¿Quién debe ser el defensor de la Constitución?*, Madrid, Tecnos, 1985, p. 63.
111 Hans Kelsen, *Esencia y valor de la democracia*, México, Colofón, 2005.

con su obra y con los conceptos que típicamente se
le podrían atribuir a su pensamiento. Sin embargo,
la sensación es que la culpa de la crisis institucional
la tiene la propia Constitución y no los actores que
atentaban contra ella. La confianza en la legalidad,
propia del sistema kelseniano, pareciera insuficiente
frente a los peligros a los que se enfrentó y frente a
los que sucumbió Weimar. Desde la perspectiva de
KELSEN, sólo una Constitución con fuertes garantías
del principio democrático y federal hubiera podido
salvar a Weimar. Pero ¿mientras tanto? En contraste
con las de HELLER y la de SCHMITT, la posición de KELSEN
frente a los hechos de Prusia parece desapasionada.
Probablemente no lo fuera, porque su compromiso
democrático era tan fuerte como el de HELLER. Simplemente que su forma de entender al derecho, a la
democracia y a la justicia no le permitieron ir más
allá de esa respuesta.

4. TEORÍAS CONSTITUCIONALES EN DISPUTA: LA SENTENCIA
DE LEIPZIG Y LA TERCERA RESPUESTA A LA PREGUNTA SOBRE
EL DEFENSOR DE LA CONSTITUCIÓN

La sentencia de Leipzig es una muestra de cómo, en
un régimen político democrático, poder y derecho
pueden llegar a enfrentarse de la manera más radical
ante un conflicto constitucional. Pone de manifiesto,
además, la relevancia que una decisión judicial puede
tener o no en un contexto de crisis institucional. Los
jueces del Tribunal Estatal optaron probablemente
por el camino más sencillo: el de avalar el *status quo*.

Aun cuando obligaron con su sentencia al Reich a no reemplazar a los representantes de Prusia en el *Reichstag*, decidieron no hacer nada contra el derrocamiento por la fuerza del último bastión auténticamente democrático en la ya por entonces condenada República de Weimar.

La sentencia también pone en evidencia que los jueces del Tribunal Estatal eligieron, de un elenco posible de teorías constitucionales, la de la emergencia, la excepción, y por lo tanto, la teoría constitucional de Carl Schmitt. Lo que justifica el golpe de julio es la situación excepcional de violencia. No importan tanto las consecuencias de las medidas tomadas como el fin que las ha motivado. No importa tanto que se violen principios fundantes de la Constitución de 1919 como que se restablezcan el orden y la seguridad públicos en el Estado Federado de Prusia.

En definitiva, eran tres las teorías constitucionales en disputa que hemos reconstruido a partir de las intervenciones de Heller y de Schmitt y del análisis de Kelsen: una donde el poder se impone sobre el derecho (Schmitt), una donde el derecho se impone sobre el poder (Kelsen) y una donde poder y derecho se interrelacionan (Heller). Esta tercera alternativa, la helleriana, nos impulsa a repensar el clásico debate entre derecho y poder. En efecto, la ya clásica pregunta sobre el guardián de la Constitución resuelve la cuestión en términos dicotómicos: Schmitt o Kelsen, poder o derecho. Sumar al debate la voz de Heller, un debate ya no teórico, sino profundamente práctico, es escapar a esta dicotomía. Ni el Presidente del

Reich ni un Tribunal Constitucional "a la KELSEN" hubieran podido salvar a la República de Weimar. El Presidente no podía, porque, como los hechos posteriores confirmarían, HINDENBURG no actuaba en favor de preservar la democracia parlamentaria y plural en Weimar. La figura presidencial diseñada por la Constitución, a diferencia de lo que SCHMITT creía, no podía ser neutral sólo por ser elegida de manera plebiscitaria. Finalmente, un Tribunal Constitucional tampoco podía salvar a Weimar, porque no existía. De poco servía plantear esta discusión en un contexto en el que una reforma constitucional era poco plausible. La solución tenía que ser realista.

Por eso la apelación de HELLER es a los jueces del Tribunal Estatal existente. No le pide a la Constitución de 1919 que diga algo que no dice. Les ruega a los jueces que apliquen los principios de democracia que forman parte del contenido normativo de la Constitución. Ni más ni menos. Les ruega que, mirando la realidad existente, den cuenta jurídicamente del problema político de fondo. Ni el poder sobre el derecho ni el derecho sobre el poder: un derecho (compuesto por reglas y principios) que limita al poder y un poder (el del Presidente del Reich) que se nutre en legitimidad de la legalidad de la Constitución de 1919. Finalmente, Heller también clama, aunque sea de manera indirecta, por un modelo determinado de juez. Ni el juez autómata que describe SCHMITT ni el juez positivista de KELSEN. Un juez democrático, que sin dejar de aplicar la ley vigente, sepa interpretar la Constitución conforme a sus principios. Un juez que a la luz de los principios de democracia social de Weimar, supiera defender con su decisión el Estado social de derecho de Weimar.

La sentencia del Tribunal Estatal en Prusia contra Reich y los textos que sobre ella escribieron HELLER, SCHMITT y KELSEN son, por eso, mucho más que un documento histórico. Constituyen una lección para la teoría constitucional contemporánea que quiera aprender en un diálogo con el pasado. Son, especialmente para la teoría constitucional latinoamericana, una invitación a mirar a Weimar con otros ojos. No con la mirada "europea" de la caída o del fracaso de una Constitución, sino con una mirada constructiva, acerca de las lecciones de Weimar para la democracia social.

BIBLIOGRAFÍA

ANGERMUND, RALPH, *Deutsche Richterschaft 1919-1945. Krisenerfahrung, Illusion, politische Rechtsprechung,* Frankfurt am Main, Fischer Taschenbuch Verlag, 1990.

ANSCHÜTZ, GERHARD, *Die Verfassung des Deutschen Reichs vom 11. August 1919,* Berlín, Georg Stilke, 1933.

ANSCHÜTZ, GERHARD; KARL BILFINGER, CARL SCHMITT y ERWIN JACOBI, *Der deutsche Föderalismus. Die Diktatur des Reichspräsidenten. Verhandlungen der Tagung der Vereinigung der Deutschen Staatsrechtslehrer zu Jena am 14. und 15. April 1924,* Veröffentlichungen der Vereinigung der Deutschen Staatsrechtslehrer, Berlín y Leipzig, Walter de Gruyter & Co, 1924.

ANSCHÜTZ, GERHARD y RICHARD THOMA (eds.), *Handbuch des deutschen Staatsrechts,* 2 Tomos, Tübingen, Mohr, 1930-1932.

ARANGO, RODOLFO, *Derechos, constitucionalismo y democracia,* Bogotá, Universidad Externado de Colombia, 2004.

ARANGO, RODOLFO, *El concepto de derechos sociales fundamentales,* Bogotá, Legis, 2005.

ARANGO, RODOLFO, *Democracia social. Un proyecto pendiente*, México, Fontamara, 2012.

BALAKRISHNAN, GOPAL, *The Enemy. An Intellectual Portrait of Carl Schmitt*, Londres, Verso, 2000.

BAY, JÜRGEN, *Der Preussenkonflikt 1932/33. Ein Kapitel aus der Verfassungsgechichte der Weimarer Republik*, Erlangen-Nürnberg, Univ. Dissertation, 1965.

BENDERSKY, JOSEPH, *Carl Schmitt. Theorist for the Reich*, Princeton, Princeton University Press, 1983.

BILFINDER, CARL, "Exekution, Diktatur und Föderalismus", en *Deutsche Juristen Zeitung*, n.° 37, 1932, pp. 1017 y ss.

BILFINGER, CARL, "Reichsexekution", *Deutsche Juristen-Zeitung*, Heft 2, 1933, pp. 146-150.

BLASIUS, DIRK, *Carl Schmitt. Preußischer Staatsrat in Hitlers Reich*, Göttingen, Vandenhoeck und Ruprecht, 2001.

BRACHER, KARL DIETRICH, *Die Auflösung der Weimarer Republik. Eine Studie zum Problem des machtverfalls in der Demokratie*, Villingen-Schwarzwald, Ring Verlag, 1964.

BRECHT, ARNOLD, *Preußen contra Reich vor dem Staatsgerichtshof. Stenogrammbericht der Verhandlungen vor dem Staatsgerichtshof in Leipzig vom 10. bis 14. und vom 17. Oktober 1932*, Berlín, Dietz Nachfolger, 1933.

BRECHT, ARNOLD, *Political Theory, The Foundations of Twentieth Century Political Thought*, Princeton, Princeton University Press, 1959.

BRECHT, ARNOLD, *Mit der kraft des Geist: Lebenserinnerungen. Zweite Hälfte 1927-1967*, Stuttgart, Deutsche Verlags Anstalt, 1967.

BRECHT, ARNOLD, *Prelude to silence. The end of the german republic*, Nueva York, Oxford University Press, 1944.

CALDWELL, PETER, *Popular Sovereignty and the crisis of German Constitutional Law. The Theory & Practice of Weimar Constitutionalism*, Durham y Londres, Duke University Press, 1997.

CAMPE, VON VON, *"Der Prozeß Preußen contra Reich im Lichte von Rechtsstaat und Rechtsgefühl"*, Deutsche Juristen Zeitung, 37, 1932, pp. 1384 y ss.

DETLEF, JOSEPH (ed.), *Rechtsstaat und Klassenjustiz. Texte aus der sozialdemokratischen ‚Neuen Zeit' 1883-1914*, Friburgo-Berlín, Haufe-Lexware, 1996.

DYZENHAUS, DAVID, "Legal Theory in the Collapse of Weimar: Contemporary Lessons?", *The American Political Science Review*, vol. 91, n.° 1, mar. 1997, pp. 121-134.

DYZENHAUS, DAVID, *Legality and Legitimacy: Carl Schmitt, Hans Kelsen, and Hermann Heller in Weimar*, Oxford, Oxford University Press, 1999.

ELIAS, NORBERT, *Los alemanes*, Buenos Aires, Nueva Trilce, 2009.

EYCK, ERICH, *A History of the Weimar Republic*, Nueva York, Atheneum, 1970.

FRAENKEL, ERNST, *Zur Soziologie der Klassenjustiz und Aufsätze zur Verfassungskrise 1931-32*, Darmstadt, Wissenschaftliche Buchgesellschaft, 1968.

FULDA, BERNHARD, *Press and politics in the Weimar Republic*, Oxford, Oxford University Press, 2009.

GIESE, FRIEDRICH, *Verfassung des Deutschen Reiches vom 11. August 1919*, Berlín, Carl Heymanns Verlag, 1926.

GIESE, FRIEDRICH,"Beamtenrechtliche Auswirkungen einer Reichsexekution", en *Reichsverwaltungsblatt und Preußisches Verwaltungsblatt*, 53, 1932, pp. 701 y ss.

GIESE, FRIEDRICH,"Zur Verfassungsmäßigkeit vom Reich gegen und in Preußen geschaffenen Maßnahmen", en *Deutsche Juristen Zeitung*, n.° 37, 1932, pp. 1021.

GRUND, HENNING, *'Preußenschlag' und Staatsgerichtshof im Jahre 1932*, Baden-Baden, Nomos, 1976.

GROH, KATHRIN, *Demokratische Staatsrechtslehrer in der Weimarer Republik*, Tübingen, Mohr Siebeck, 2010.

GUSY, CHRISTOPH, "Las constituciones de entreguerras en Europa central", *Fundamentos: Cuadernos monográficos*

de teoría del estado, derecho público e historia constitucional,
n.º 2 (ejemplar dedicado a: modelos constitucionales
en la historia comparada), 2000, pp. 593-625.

HANNOVER, HEINRICH y ELISABETH HANNOVER-DRÜCK, *Po-litische Justiz 1918-1933*, Bornheim-Merten, Lamuv
Verlag, 1987.

HARTMANN, BERND, "The Arrival of Judicial Review in
Germany under the Weimar Constitution of 1919",
en *Brigham Young University (BYU) Journal of Public
Law*, vol. 18, Issue 1, 2003, pp.107 y ss.

HECKEL, JOHANNES, "Das Urteil des Staatsgerichtshofs vom
25.10.1932 in dem Verfassungsstreit Reich-Preußen", en
Archiv des Öffentlichen Rechts, Bd. 23, 1933, pp. 183 y ss.

HELLER, HERMAN, *Teoría del Estado*, México, Fondo de
Cultura Económica, 1992.

HELLER, HERMANN, "¿Estado de Derecho o Dictadura?",
en HERMANN HELLER, *Escritos políticos*, Madrid, Alian-za, 1985.

HELLER, HERMANN, "Socialismo y Nación", en HERMANN
HELLER, *Escritos políticos*, Madrid, Alianza, 1985.

HELLER, HERMANN, "ist das Reich verfassungsmässig
vorgegangen?", en *Frankfurter Zeitung*, 77, Jg. Nr.
591-592, n.°10, ago. 1932, Abendblatt-Erstes Mor-genblatt, pp. 1-2.

Henig, Ruth, *The Weimar Republic 1919-1933*, Nueva York, Routledge, 2002.

Henkel, Michael, *Hermann Hellers Theorie der Politik und des Staates*, Tübingen, Mohr Siebeck, 2011.

Herrera, Carlos Miguel, *Derecho y socialismo en el pensamiento jurídico*, Bogotá, Universidad Externado de Colombia, 2003.

Herrera, Carlos Miguel, "La polémica Schmitt-Kelsen sobre el guardián de la Constitución", en *Revista de Estudios Políticos. Nueva Época*, n.° 86, 1994, pp. 195-227.

Huber, Ernst Rudolf, *Reichsgewalt und Staatsgerichtshof*, Oldenburg, Gerhard Stalling, 1932.

Huber, Ernst Rudolf, *Deutsche Verfassungsgeschichte seit 1789*, t. VII, Stuttgart, Kohlhammer, 1978, pp. 1015 y ss.

Huber, Ernst Rudolf, "Carl Schmitt in der Reichskrise der Weimarer Republik", en Helmut Quaritsch, *Complexio Oppositorum. Über Carl Schmitt*, Berlín, Duncker & Humblot, 1988, pp. 33-50.

Jasper, Gotthard,"Justiz und Politik in der Weimarer Republik", en *VfZG*, Heft 2, 1982, pp. 167- 205.

Jellinek, Walter, "Der Leipziger Prozeß", en *Reichsverwaltungsblatt und Preußisches Verwaltungsblatt*, 53, 1932, pp. 901-908.

JELLINEK, WALTER, "Zum Konflikt zwischen Preußen und Reich", en *Reichsverwaltungsblatt und Preußisches Verwaltungsblatt*, 53, 1932, pp. 681 y ss.

KAISER, ANDREAS, "Preußen *contra* Reich. Hermann Heller als Prozeßgegner Carl Schmitts vor dem Staatsgerichtshof 1932", en CHRISTOPH MÜLLER e ILSE STAFF, *Der soziale Rechtsstaat. Gedächtnisschrift für Hermann Heller*, Baden-Baden, Nomos, 1984, pp. 287-311.

KELSEN, HANS, "Das Urteil des Staatsgerichtshofs vom 25. Oktober 1932", *Die Justiz*, November/Dezember, VIII Band, Heft 2/3, 1932, pp. 65-91.

KELSEN, HANS, "Judicial Review of Legislation: a Comparative Study of the Austrian and the American Constitution", *The Journal of Politics*, vol. 4, n.° 2, 1942, pp. 183-200.

KELSEN, HANS, *¿Quién debe ser el defensor de la Constitución?*, Madrid, Tecnos, 1985.

KELSEN, HANS, *Esencia y valor de la democracia*, México, Colofón, 2005.

KIRCHHEIMER, OTTO, "*Die Verfassungslehre des Preußenkonflikts*", Gesellschaft, 9, 1932, pp. 194 y ss.

KIRKAND, TIM y ANTHONY MCELLIGOTT (eds.), *Opposing Fascism. Community, Authority and Resistance in Europe*, Cambridge, Cambridge University Press, 2004.

KLEIN, CLAUDE, *De los espartaquistas al nazismo: la República de Weimar*, Barcelona, Península, 1970.

KOLBE, DIETER, *Reichsgerichtspräsident Dr. Erwin Bumke. Studien zum Niedergang des Reichsgerichts und der deutschen Rechtspflege*, Karlsruhe, Müller, 1975.

KROHN, CLAUS y CORINA UNGER (eds.), *Arnold Brecht 1884-1977. Demokratischer Beamter und politischer Wissenschaftler in Berlin und New York*, Stuttgart, Franz Steiner Verlag, 2006.

LENOIR, J.J, "Judicial Review in Germany under the Weimar Constitution", *Tulane Law Review*, n.° 14, 1940, pp. 361-383.

MCCORMICK, JOHN, "An Introduction to Carl Schmitt´s Legality and Legitimacy", en CARL SCHMITT, *Legalitiy and Legitimacy*, Durham y Londres, Duke University Press, 2004.

MCELLIGOTT, ANTHONY, *Rethinking the Weimar Republic. Authority and authoritarianism 1916-1936*, Londres, Bloomsburry, 2014.

MEHRING, REINHARD, *Carl Schmitt. Aufstieg und Fall*, Múnich, Beck, 2009.

MOMMSEN, HANS, *The Rise and Fall of Weimar Democracy*, Chapel Hill, University of North Carolina Press, 1998.

MOUFFE, CHANTAL, "Carl Schmitt and the paradox of liberal democracy", en DAVID DYZENHAUS (ed.), *Law as Politics: Carl Schmitt's Critique of Liberalism*, Durham, Duke University Press, 1998, pp. 159-175.

MÜLLER, JAN WERNER, *A Dangerous Mind. Carl Schmitt in Post-War European Thought*, New Haven y Londres, Yale University Press, 2003.

NAWIASKY, HANS, "Die Auslegung des Art. 48 der Reichsverfassung", *Archiv des öffentlichen Rechts*, 9, 1925, pp. 1-55

NAWIASKY, HANS, "Zum Leipziger Urteil", en *Bayerische Verwaltungsblätter*, 80, 1932, pp. 338 y ss.

NEUMANN, FRANZ, *Behemoth. The structure and practice of National Socialism 1933-1944*, Chicago, Ivan R. Dee, 2009.

ORLOW, DIETRICH, *Weimar Prussia 1925-1933. The Illusion of Strength*, Pittsburgh, University of Pittsburgh Press, 1991.

PASQUINO, PASQUALE, "Politische Einheit, Demokratie und Pluralismus. Bemerkungen zu Carl Schmitt, Hermann Heller und Ernst Fraenkel", en CHRISTOPH MÜLLER e ILSE STAFF (eds.), *Staatslehre in der Weimarer Republik: Hermann Heller zu ehren*, Frankfurt am Main, Suhrkamp, 1985, pp. 114-127.

PAULSON, STANLEY, "Subsunción, política jurídica y el reproche de 'formalismo'. La discusión acerca del 'guardián de la Constitución", en NANCY CARDINAUX, LAURA CLÉRICO y ANÍBAL D'AURIA (coord.), *Las razones de la producción del derecho. Argumentación constitucional, argumentación parlamentaria y argumentación en la selección de jueces,* Buenos Aires, Departamento de Publicaciones, Facultad de Derecho, UBA, 2006.

PAULY, WALTER, "Gerhard Anschütz. An Introduction", en ARTHUR JACOBSON y BERNHARD SCHLINK (eds.), *Weimar. A Jurisprudence of Crisis,* Berkeley, University of California Press, 2001.

PYTA, WOLFRAM, *Hindenburg. Herrschaft zwischen Hohenzollern und Hitler,* Múnich, Siedler, 2007.

RADBRUCH, GUSTAV, *Gesamtausgabe. Politische Schriften aus der Weimarer Zeit II. Justiz, Bildungs- und Religionspolitik,* vol. 13, Heildeberg, C.F. Müller, 1993.

RASEHORN, THEO, *Justizkritik in der Weimarer Republik. Das Beispiel der Zeitschrift "Die Justiz",* Frankfurt am Main-Nueva York, Campus Verlag, 1985.

SCHMITT, CARL, *La defensa de la Constitución,* Barcelona, Labor, 1931.

SCHMITT, CARL, "Der Missbrauch der Legalität", *Tägliche Rundschau,* 19, 1932.

SCHMITT, CARL, "Die Verfassungsmäßigkeit der Bestellung eines Reichskommisars für das land Preußen", en *Deutsche Juristen Zeitung,* n.° 37, 1932, pp. 953 y ss.

SCHMITT, CARL, "Legalität und gleicher Chance politischer Machtgewinnung", *Deutsches Volkstum*, 2, jul. 1932, 1932, pp. 557-564.

SCHMITT, CARL, *Positionen und Begriffe im Kampf mit Weimar-Genf-Versailles (1923-1939)*, Berlín, Duncker & Humblot, 1940.

SCHMITT, CARL, *El concepto de lo político*, Madrid, Alianza, 1991.

SCHMITT, CARL, *Legalidad y legitimidad*, Buenos Aires, Struhart, 1992.

SCHMITT, CARL, *Sobre el parlamentarismo*, Madrid, Tecnos, 2002.

SCHMITT, CARL, *Tagebücher 1930-1934*, Berlín, Akademie Verlag, 2010.

SCHMITT, CARL, *Posiciones ante el Derecho*, Madrid, Tecnos, 2012.

SCHNEIDER, HANS, "Positivismus, Nation und Souveränität. Über die Beziehungen zwischen Heller und Radbruch", en CHRISTOPH MÜLLER e ILSE STAFF (eds.), *Staatslehre in der Weimarer Republik: Hermann Heller zu ehren*, Frankfurt am Main, Suhrkamp, 1985.

SCHULZE, HAGEN, *Breve historia de Alemania*, Madrid, Alianza, 2007.

SCHWAB, GEORGE, *The Challenge of the exception. An intro-duction to the political ideas of Carl Schmitt between 1921 and 1936*, Berlín, Duncker & Humblot, 1970.

SCHWALB, MAXIMILIAN, "Zur Ausführung des Staatsgeri-chtshofs-Urteils in der Preußensache, *Reichsverwal-tungsblatt und Preußisches Verwaltungsblatt*, 53, 1932, pp. 941 y ss.

SCHWALB, MAXIMILIAN, "*Die Einwendungen gegen das Staatsgerichtshofs-Urteil vom 25. Oktober 1932 in der Preußensache*", Justiz 8, 1932-1933, pp. 217 y ss.

SEIBERTH, GABRIEL, *Anwalt des Reiches. Carl Schmitt und der Prozess Preußen contra Reich vor dem Staatsgerichtshof*, Berlín, Duncker & Humblot, 2001.

SMEND, RUDOLF, "Carl Bilfinger†", *Zeitschrift für auslän-disches öffentliches Recht und Völkerrecht*, vol. 20, n.°1-2, 1959, pp. 1-4.

STACHURA, PETER, *Political Leaders in Weimar Germany. A biografical Study*, Londres, Harvester Wheatsheaf, 1993.

STOLLEIS, MICHAEL, *Geschichte des öffentlichen Rechts in Deutschland. Weimarer Republik und Nationalsozialismus*, Múnich, C.H. Beck Verlag, 2002.

STOLLEIS, MICHAEL, "Judicial Review, Administrative Review, and Constitutional Review in the Weimar Republic", *Ratio Juris*, vol. 16, n.° 2, jun. 2003, pp. 266-280.

Triepel, Heinrich, "Die Entscheidung des Staatsgerichts-
hofs im Verfassungsstreite zwischen Preußen und dem
Reiche. Ein Schlußwort", en *Deutsche Juristen-Zeitung*
(DJZ), 1932, pp. 1501-1508.

Triepel, Heinrich; Hans Kelsen; Max Layer y Ernst von
Hippel, *Wesen und Entwicklung der Staatsgerichtsbarkeit-
Überprüfung von Verwaltungsakten durch die ordentlichen
Gerichte*, Veröffentlichungen der Vereinigung der
Deutschen Staatsrechtslehrer, Cuaderno 5, Berlín y
Leipzig, Walter de Gruyter & Co, 1929.

Trott zu Solz, Levin von, *Hans Peters und der Kreisauer
Kreis. Staatslehre im Widerstand*, Schöningh, Paderborn, 1997.

Vinx, Lars, *The Guardian of the Constitution Hans Kelsen
and Carl Schmitt on the Limits of Constitutional Law*,
Cambridge, Cambridge University Press, 2015.

Vita, Leticia, *La legitimidad del derecho y del Estado en el
pensamiento jurídico de Weimar. Hans Kelsen, Carl Schmitt y Hermann Heller*, Buenos Aires, Eudeba, 2014.

Wrobel, Hans, "Die Richter und das Recht in der Weimarer Republik", en Gerhard Ringshausen y Rüdiger
von Voss, *Widerstand und Verteidigung des Rechts*, Bonn,
Bouvier Verlag, 1997, pp. 159-170.

SENTENCIA DE FONDO DEL TRIBUNAL ESTATAL
DEL 25 DE OCTUBRE DE 1932

ACLARACIONES TERMINOLÓGICAS
SOBRE LA TRADUCCIÓN[112]

En pos de la fidelidad al texto original, y sin perder de vista la importancia de la traducción de ciertos términos, se deben hacer algunas aclaraciones en cuanto a la terminología utilizada.

Debido a que en el original se utiliza siempre la palabra "Reich" para hablar del Estado Alemán, se optó por mantener este vocablo en la traducción. Si bien la palabra se podría traducir por "Imperio", mantener el "Reich" del original le da un arraigo y una contextualización mayor al texto. Asimismo, cabe mencionar que este último término es también una palabra de uso en el lenguaje español, cuando se remite a estas épocas de la historia alemana.

Se deduce de esto que en cuanto se vea el término "Estado Federado" en el texto, no se refiere al Estado Alemán, sino en todos los casos a Estados Federados (*"Bundesländer"* o *"Länder"* en alemán), que es la división política por la que se rigen en Alemania.

---

112 Traducción a cargo de Micaela Saez, Guido Rubin y Susana Goldmann.

Los conceptos *Reichsrat, Reichstag, Bundesrat, Bundestag, Landrat, Landtag* tampoco fueron traducidos. Se trata de un caso similar al de la utilización del término "Reich"; se interpretó que solo su palabra en alemán se condecía a la perfección con su significado y lo que se busca transmitir. Es de importancia saber simplemente que todas las instituciones con el sufijo "-tag" hacen referencia a la Cámara Baja y aquellas con el sufijo "-rat" refieren a la Cámara Alta. Por lo demás, los significados son fácilmente deducibles: el *Reichsrat* sería la Cámara Alta del Reich, el *Bundestag* sería la Cámara Baja del Parlamento (asimilable a *Reichstag*) y *Landrat* sería la Cámara Alta del Estado (siempre hablando del Estado Federado).

Finalmente, cuando el texto se refiere al partido político del centro alemán, se eligió dejar allí la palabra *"Zentrum"*, que es el nombre del partido en alemán.

¡En nombre del Reich!

En los litigios acumulados de orden constitucional:

I. a) del Estado Federado de Prusia, representado por el Consejo de Ministros de Prusia;

b) de la Fracción del *Zentrum* en el *Landtag* prusiano, representada por su Presidente, apoderado procesal: profesor universitario, Dr. Peters, en Berlín;

c) de la Fracción del Partido Socialdemócrata Alemán en el *Landtag* prusiano, representada por su Presidente, apoderado procesal: profesor universitario Dr. Heller, en Fráncfort del Meno,

Parte actora, contra

el Reich Alemán, representado por su Gobierno,

Parte demandada,

II. 1. del Presidente del Estado Federado de Prusia Dr. *honoris causa* Otto Braun, en Berlín-Zehlendorf,

2. del Ministro del Interior de Prusia Dr. *honoris causa* Karl Severing, actualmente en Bielefeld,

3. del Ministro de Bienestar Social de Prusia Dr. *honoris causa* Hirtsiefer, en Berlín,

4. del Ministro de Agricultura, Fincas y Bosques de Prusia Dr. *honoris causa* STEIGER, en Berlín,

5. del Ministro de Comercio e Industria de Prusia Dr. SCHREIBER, en Berlín,

6. del Ministro de Justicia de Prusia Dr. SCHMIDT, Berlín,

7. del Ministro de Ciencia, Arte y Educación de Prusia GRIMME, en Berlín- Zehlensdorf,

8. del Ministro de Finanzas de Prusia KEPPLER, en Berlín-Zehlensdorf,

Parte actora, contra

1. el Reich Alemán, representado por su Gobierno,

2. el Canciller del Reich en su potestad de Comisario del Reich en Prusia,

Parte demandada,

III. del Estado Federado de Baviera, representado por su Ministerio,

Parte actora, contra

el Reich Alemán, representado por su Gobierno,

Parte demandada,

IV. del Estado Federado de Baden, representado por su Ministerio Estatal,

Parte actora, contra

el Reich Alemán, representado por su Gobierno,

Parte demandada,

en razón de la determinación de la inconstitucionalidad de la designación de un Comisario del Reich en Prusia, entre otras cuestiones, el Tribunal Estatal del Reich en virtud de las audiencias celebradas los días 10, 11, 12, 13, 14, y 17 de octubre, y con la intervención de:

1. el presidente del Tribunal del Reich Dr. Bumke (Presidente),

2. el Consejero del Tribunal del Reich Triebel,

3. el Consejero del Tribunal del Reich Schmitz,

4. el Consejero del Tribunal del Reich Dr. Schwalb,

5. el Consejero del Tribunal Superior en lo Contencioso Administrativo Dr. Von Müller,

6. el Consejero del Tribunal Superior en lo Contencioso Administrativo Dr. Gümbel,

7. el Consejero del Tribunal Superior en lo Contencioso Administrativo Dr. Striegler,

resuelve:

Que el Decreto del Presidente del Reich del 20 de julio de 1932 a los fines de restablecer la seguridad y el orden público en la región del Estado Federado de Prusia es compatible con la Constitución del Reich, en tanto se nombra Comisario del Reich para el Estado Federado de Prusia al Canciller del Reich, autorizándolo a privar a los Ministros de Prusia de sus facultades oficiales de manera provisional, así como a asumir por sí mismo dichas facultades o atribuírselas a otras personas haciendo uso de su potestad como Comisario del Reich. No obstante, este Poder no se hacía extensivo para la privación de la representación del Estado de Prusia por parte del Consejo de Ministros y sus miembros en las Cámaras del *Reichstag* y *Reichsrat*, frente al Reich, el *Landtag*, el *Staatsrat*, u otros Estados Federados.

Se rechazan las demandas en tanto no corresponden en virtud de las siguientes consideraciones.

Conforme a Derecho

CONSIDERANDOS

I.

Luego de pronunciada la sentencia del Tribunal Estatal del 25 de julio de 1932, tanto el Estado Federado de Prusia como las fracciones socialdemócrata y del *Zentrum* en el *Landtag* prusiano han reformulado sus demandas. En lo sucesivo solicitan:

A.

Que el Tribunal Estatal reconozca:

1. Que la designación de un Comisario del Reich para Prusia con atribuciones,

a) como la ha conferido al Canciller del Reich el decreto del 20 de julio de 1932 referido al restablecimiento de la seguridad y el orden públicos en la región del Estado Federado de Prusia (Boletín Oficial del Reich n.° 1, p. 377),

b) como de la que han hecho uso el Canciller del Reich y los Comisarios designados en virtud de este decreto,

no era ni es compatible con la Constitución del Reich. Por consiguiente, el mencionado decreto del

20 de julio de 1932 no es compatible con la Constitución del Reich.

2. Que las acciones llevadas a cabo por el Canciller del Reich y los demás comisarios no eran particularmente compatibles con la Constitución del Reich:

a)   la destitución en sus cargos del Presidente del Estado Federado BRAUN y el ministro SEVERING (Escrito del Canciller del Reich del 20 de julio),

b)   la destitución en los asuntos corrientes de los Ministros HIRTSIEFER, SCHREIBER, STEIGER, SCHMIDT, GRIMME y KLEPPER (Escrito del Canciller del Reich del 20 de julio),

c)   la jubilación provisional de funcionarios en virtud del § 3 del decreto de Prusia del 26 de febrero de 1919 (Recopilación de Leyes de Prusia, p. 33), así como el nombramiento definitivo de funcionarios del Estado Federado,

d)   el envío de apoderados propios al *Reichsrat* (Cámara Alta del Parlamento del Reich) como representantes del Estado Federado de Prusia y el rechazo del derecho de los Ministros prusianos y sus apoderados a representar al Estado Federado de Prusia en el *Reichsrat*.

B.

Que el Tribunal Estatal además reconozca:

Que el Reich puede avocar las funciones del Poder Estatal correspondientes a los Estados Federados conforme a la Constitución del Reich y las Constituciones de los Estados Federados, tanto en pos de la unidad del Reich *(Reichsexekution)* conforme al artículo 48, inciso 1, de la Constitución del Reich (RVERF, por su sigla en alemán), como en razón de medidas de acuerdo con el artículo 48, inciso 2, de la RVERF, solo en tanto sea compatible con el carácter federal del Reich y necesario para el cumplimiento de las obligaciones presuntamente infringidas del Estado Federado o para el restablecimiento de la seguridad y el orden públicos.

Particularmente no es compatible con la Constitución del Reich en tanto en razón del artículo 48, inciso 1 o 2:

a) se prive a miembros de los Gobiernos de los Estados Federados en forma permanente o temporal del ejercicio de sus cargos, o se nombren nuevos miembros para los Gobiernos de los Estados,

b) se invalide, limite o afecte la representación de un Estado Federado frente al Reich, principalmente el derecho del Gobierno del Estado Federado para nombrar e instruir a los apoderados dentro del *Reichsrat* (art. 63 de la RVERF),

c) se nombre, ascienda, jubile o despida a funcionarios del Estado Federado,

d) se contraigan empréstitos a cuenta de los Estados Federados.

Por otra parte, el Estado Federado de Prusia solicita:

C.

Que el Tribunal Estatal reconozca:

Que la declaración del Gobierno del Reich en el discurso radial del Canciller del Reich el día 20 de julio de 1932 para justificar el decreto del mismo día, alegando que el Estado Federado de Prusia no habría cumplido con las obligaciones que le incumben conforme a la Constitución del Reich o las Leyes del Reich en el sentido del artículo 48, inciso 1, de la RVₑᵣf debido a que:

1. la base parlamentaria del Gabinete Ejecutivo es crucialmente dependiente de la conducta táctica del Partido Comunista,

2. una serie de personalidades determinantes han perdido la independencia interna para tomar las medidas necesarias para luchar contra la actividad hostil al Estado por parte del Partido Comunista alemán,

3. en particular, funcionarios de alto rango del Estado habrían ofrecido su ayuda para posibilitar a dirigentes del Partido Comunista el encubrimiento de objetivos terroristas ilegales,

4. un Jefe Superior de la Policía de Prusia habría exigido a sus compañeros del partido no molestar a los círculos comunistas,

no está justificada ni comprobada.

Mientras que la parte actora en general dirige sus peticiones contra el Reich, representado por el Gobierno del Reich, la fracción socialdemócrata ha declarado en el escrito del 1° de septiembre de 1932 incluir también como parte demandada al Reich, representado por el Canciller del Reich en su calidad de Comisario del Reich para el Estado Federado de Prusia.

Por el contrario, el Gobierno del Reich solicita rechazar las peticiones presentadas en la declaración del Consejo de Ministros de Prusia del 10 de agosto de 1932 y en las declaraciones de la fracción social-demócrata y del *Zentrum* del *Landtag* de Prusia del 10 de agosto de 1932, y recusar por inadmisible la petición C del Estado Federado de Prusia.

El Presidente del Gobierno de Prusia, Dr. BRAUN, y los demás Ministros prusianos han hecho propias las solicitudes previamente enunciadas del Estado Federado de Prusia contra el Reich y contra el Canciller del Reich como Comisario del Reich por Prusia. El Gobierno del Reich ha solicitado rechazar estas peticiones del Ministro de Prusia.

Conforme a la interpretación del Gobierno del Reich, el interés declaratorio autorizado a Prusia en la decisión sobre la constitucionalidad de la denominación del Canciller del Reich como Comisario de Prusia se reduce a las facultades a él conferidas en el decreto del 20 de julio de 1932. El Gobierno del Reich considera inadmisible la segunda parte de la demanda (las peticiones presentadas por parte de los gobiernos de Baviera y de Baden en los autos Tribunal Estatal 16 y 17/32) debido a que allí se solicitaría solamente la declaración abstracta de una situación jurídica general, se trataría de litigios relativos a la Constitución dentro del Reich, y la petición referiría a un anticipo inadmisible de la Ley Orgánica respecto del artículo 48 de la Constitución del Reich.

El Gobierno del Reich no considera que las fracciones socialdemócrata y del *Zentrum* estén legitimadas para accionar, debido a que en este caso no se trataría de un litigio relativo a la Constitución dentro de un Estado Federado, sino de una contienda no encuadrable dentro del derecho privado, entre el Reich y el Estado Federado de Prusia representado por el Consejo de Ministros. Asimismo, no se podría reconocer un derecho a la intervención accesoria en el caso de litigios de esta índole que se resuelvan ante el Tribunal Estatal.

Conforme a la interpretación de la parte demandada, las acometidas del Estado Federado de Prusia contra la constitucionalidad del decreto del 20 de julio de 1932 son objetivamente injustificadas.

El panorama de aquel entonces se habría visto caracterizado por los sangrientos episodios del verano de 1932. Bandos organizados se enfrentaron en un estado de alienación absoluta. La situación se podría describir como de guerra civil. Bajo tales circunstancias, Prusia habría faltado de numerosas maneras a su obligación de mantener la seguridad y el orden en el sentido del artículo 48, inciso 2, de la RVERF. Funcionarios del Estado, en cargos directivos, habrían fracasado en ese sentido. El Presidente del Gobierno, como director responsable de la política de Prusia, y el Ministro del Interior, competente frente a la policía, no habrían sido capaces de reaccionar ante esta situación a raíz de su actitud parcial contraria a los nacionalsocialistas más que a los comunistas. La oposición enérgica de la política interna contra el Gobierno del Reich (de la que la dirigencia política de Prusia de aquel entonces no guardó secreto alguno, y que el Ministro Dr. Severing expresó claramente en manifestaciones públicas exageradamente mordaces) debió haber abonado la convicción del Partido Comunista de que el Gobierno de Prusia no procedería activamente contra ellos, por razones de táctica parlamentaria y otras. No hay duda respecto de la enemistad del Partido Comunista hacia el Estado y de que sus esfuerzos apuntan sistemáticamente a una guerra civil y a la sublevación violenta. Entretanto, esta convicción alimentada al Partido Comunista habría mantenido abierta la posibilidad de un frente común contra el Nacionalsocialismo. La resolución del *Landtag* de Prusia del día 12 de abril de 1932, respecto a la modificación de las disposiciones del reglamento sobre la elección del Presidente del Gobierno, habría sido de importancia crucial en estos acontecimientos. Una maniobra de táctica partidaria que se habría llevado a cabo en contra del Consejo del Gobierno de Prusia. A pesar de sus dudas, los Ministros habrían votado a favor de la modificación sin atreverse a poner en peligro la modificación deseada por el partidismo político. El *Landtag* ha fracasado respecto de su facultad para elegir al Presidente del Gobierno. El Secretario de Estado del Ministerio del Interior de Prusia habría ofrecido su colaboración en una negociación propuesta por él con legisladores comunistas del *Reichstag* para posibilitar a líderes del Partido Comunista el encubrimiento de propósitos terroristas ilegales. Asimismo, el Jefe de la Policía de Berlín habría exigido a sus compañeros del Partido no molestar a los círculos comunistas. Estos acontecimientos habrían socavando de manera atroz la seguridad del Reich. Como resultado, una serie de actores políticos determinantes habrían perdido la independencia interna para tomar todas las medidas necesarias en pos de luchar contra la actividad hostil al Estado por parte del Partido Comunista. La Jefatura Superior de Policía de Berlín habría entregado un volumen alarmante de licencias de armas a miembros del Partido Socialdemócrata alemán y del Partido Comunista alemán. En tiempos de elecciones, se habrían utilizado recursos públicos con fines partidarios por orden del Consejo de Ministros o de Ministros individuales.

Para el ejercicio de sus facultades, plenamente políticas, en comparación con una autoridad administrativa, al Presidente del Reich se le quitarían considerablemente más limitaciones a su poder discrecional, tanto respecto de los requisitos para intervenir como de las medidas por adoptar, con base en el artículo 48, incisos 1 y 2, de la RVERF. Sería comprobable judicialmente en los casos de los incisos 1 y 2, solo si existiera un caso evidente de transgresión o abuso del poder discrecional. No subsistiría en este caso el derecho de revisión del que se vale el Tribunal Estatal ante Decretos de Emergencia del Estado.

Debido a la situación política concreta del 20 de julio de 1932, los requisitos enunciados por los incisos 1 y 2 del artículo 48 de la RVERF se habrían cumplido, a saber: el inciso 2, mediante los sangrientos disturbios comunistas y acontecimientos similares y además a través del aumento de este peligro que habría sido provocado por el comportamiento y la situación partidista del Poder Ejecutivo de Prusia; el inciso 1, mediante la violación en cada acto del Gobierno de la obligación del Estado Federado frente al Reich de mantener en su territorio la seguridad y el orden públicos, y la violación más profunda del deber de fidelidad que le incumbe al Estado Federado de Prusia ante el Reich. Un incumplimiento del deber, tal como lo presupone el inciso 1, es decir, una violación al artículo 17 de la RVerf, podría encontrarse incluso en el fracaso del nuevo *Landtag* electo en Prusia respecto de la elección del Presidente del Gobierno que es su competencia. El nombramiento del Comisario del Reich de Prusia con las facultades que le confiere el Decreto del 20 de julio de 1932 sería una medida admisible y necesaria conforme al poder discrecional obligatorio que tienen el Presidente y el Gobierno del Reich para que el Estado Federado de Prusia cumpla con las obligaciones que le incumben en el sentido del artículo 48, inciso 1, y para restaurar la seguridad y el orden públicos en Prusia. Por cierto, el propio ministro Severing no adhería a la opinión de que sería necesaria la unión de los recursos del Reich y de Prusia para el restablecimiento de la seguridad pública, y que el nombramiento de un Comisario del Reich para Prusia no podía evitarse. En este sentido se ha expresado en junio de 1932 ante el Ministro del Interior del Reich, el barón de Gayl. El artículo 48, incisos 1 y 2, de la RVerf contendría normas de competencia independientes. Incluso frente al artículo 63 de la RVerf, le correspondería la importancia de una norma constitucional independiente al artículo 48, inciso 1. Quien maneje los asuntos del miembro de un Gobierno de un Estado Federado en virtud del artículo 48, inciso 1, deberá atender también a las funciones inherentes a ello en el *Reichsrat*. Los votos informados y realizados por parte del Gobierno Comisarial son votos del Estado Federado de Prusia.

El Gobierno del Estado de Prusia, en reemplazo de su presentación anterior mencionada en la resolución del 25 de julio de 1932 y señalada por sí como obsoleta, ha indicado que no se había emitido ningún tipo de comunicado dirigido a los Ministros del Estado previo a la sanción del Decreto del 20 de julio de 1932, advirtiendo que no habrían cumplido con un deber del Estado Federado de Prusia conforme a la RVERF o las Leyes del Reich, sea cual fuere el deber, y que les exigiera emprender determinadas acciones para su cumplimiento.

Los Ministros de Prusia dimitieron al sesionar el nuevo *Landtag*. Debían continuar solamente con los asuntos pendientes a ese momento. Una base parlamentaria no entraría entonces en su consideración y, de este modo, no existiría ninguna dependencia de la postura parlamentaria del Consejo de Ministros, "gestor" de los comunistas. Incluso si ese fuera el caso, se trataría de un estado justificado, debido a la situación política y en congruencia con la Constitución, y no del incumplimiento de un deber. Los Ministros del Estado habrían conducido con toda firmeza la lucha contra las actuaciones contravencionales comunistas. Particularmente, los Ministros del Interior de Prusia G<small>RZESINSKI</small> y S<small>EVERING</small> habrían visto como un aspecto esencial de su tarea el enfrentamiento con todos los medios políticos y policiales al accionar amenazante y contravencional de los comunistas. En numerosos procesos en los que judicialmente se determinaron planes comunistas de alta traición y hechos de violencia ligados a ellos, etc., el señalamiento habría sido posible, debido a que el Gobierno del Estado Federado de Prusia habría enviado a los fiscales. Incluso,por lo demás, el Gobierno prusiano no se habría mostrado débil y oprimido frente a los comunistas. Su política ante ellos no habría fracasado, sino que habría resultado más bien adecuada. De tal incorrección gozaría también la afirmación de que el Gobierno del Estado Federado de Prusia no habría cumplido su deber de prevención de actos terroristas. El Secretario de Estado en el Ministerio del Interior de Prusia no habría ofrecido su colaboración para posibilitar a los líderes del Partido Comunista el encubrimiento de propósitos terroristas ilegales: más bien, habría exigido a los comunistas finalizar de hecho con los actos terroristas. El contenido y el sentido del discurso del Jefe Superior de la Policía (un funcionario independiente ante el Partido Comunista), mencionado por la parte demandada, habrían sido reproducidos de manera imprecisa. Asimismo, la parte demandada habría expuesto de manera incorrecta la realización, los móviles, y el objetivo de la modificación realizada en las disposiciones del reglamento del *Landtag* de Prusia referidas a la elección del Presidente del

Gobierno. La reelección del Presidente del Gobierno competería al *Landtag*. En tanto el antiguo gobierno llevare a cabo los asuntos, no existiría ningún vacío legal que debiera o tan solo pudiera completar el Gobierno del Reich. Las licencias de armas otorgadas a militantes de partidos de izquierda por parte de la Jefatura Superior de Policía de Berlín tendrían razones objetivamente fundadas. No se habrían puesto a disposición fondos para fines partidarios provenientes de recursos del Estado. Los gastos correspondientes habrían tenido objetivos más bien policiales. Más allá de esto, en tales gastos no se podría encontrar el incumplimiento fundado jurídicamente de un deber del Estado frente al Reich. Se trataría de una cuestión interna de Prusia.

El Consejo de Ministros de Prusia, además, ha traído a colación sucesos que han acontecido, entretanto, durante las negociaciones del *Reichsrat*: respectivamente el Director General, Dr. Nobis, como representante del Gobierno de Prusia conforme a la perspectiva del Comisario del Reich en la reunión del Comité del 27 de julio de 1932, ha leído una explicación del contenido, expresando que solo los representantes del Comisario del Reich y los Comisarios designados por él estarían facultados para actuar en nombre del Gobierno de Prusia como apoderados representativos. Baviera y otros Estados se han pronunciado en contra de esto, y en una reunión plenaria llevada a cabo en agosto de 1932 contra el proceder del Gobierno del Reich se han interpuesto comunicados por parte de varios Estados Federados y representantes de Provincias de Prusia que el Gobierno del Reich ha considerado y considera infundados.

El Consejo de Ministros de Prusia continúa exponiendo que el Presidente del Reich no podría intervenir en lo que hace a otras normas que no sean las expresas en el artículo 48, inciso 2, de la RVERF. El Presidente del Reich y el Comisario del Reich designado no podrían nombrar un Gobierno de un Estado Federado y miembros de él, en el sentido de los artículos 17 y 63 de la RVERF. No son ellos, sino los órganos competentes conforme a la Constitución del Estado Federado, quienes podrían tomar esta facultad de los miembros del Gobierno en relación al *Reichstag*, *Reichsrat*, *Landtag*, y al Consejo de Estado. Los comisarios no podrían actuar como Poder del Reich en nombre del Estado Federado. De acuerdo con el artículo 129 de la RVERF tampoco sería admisible conforme al § 12 del Decreto del 26 de febrero de 1919 que funcionarios políticos de Prusia fueran jubilados provisionalmente no por resolución del Consejo de Ministros de Prusia, sino por mandato de una Junta de Comisarios designada por el Reich.

Bajo ningún punto de vista la seguridad y orden públicos de Prusia habrían peligrado en mayor medida que en otros Estados. El ministro SEVERIG no se habría pronunciado ante el Ministro del Reich, el barón de Gayl, en el sentido de que una intervención del Reich contra Prusia, como la que ha tenido lugar el 20 de julio de 1932, fuera necesaria. La parte respectiva de su conversación se referiría solamente a la colaboración de fuerzas policiales. El proceder parcial contra y en Prusia infringiría no solo el deber de una conducta federal adecuada, sino también el principio de igualdad federal.

Incluso el presunto fracaso del *Landtag* no podría constituirse como fundamento para una intervención conforme al artículo 48, inciso 2, de la RVerf, ya que evidentemente no se habrían generado los disturbios de la seguridad y el orden públicos mencionados. Por lo tanto, se trataría del caso de un exceso manifiesto del poder discrecional.

Asimismo, las medidas tomadas evidentemente no habrían sido necesarias, y habrían ido demasiado lejos.

Los requisitos para la aplicabilidad del artículo 48, inciso 2 de la RVerf y la necesidad de las medidas tomadas deberían ser comprobados por parte del Tribunal Estatal en la misma medida que someten a evaluación las respectivas cuestiones en el caso de litigios referidos a la constitucionalidad de Decretos de Emergencia del Estado.

Los límites del examen judicial se habrían extendido aún más allá en la aplicación del artículo 48, inciso 1, de la RVerf.

El requisito objetivo sería aquí, en primer lugar, que un Estado Federado, es decir los órganos del Estado Federado designados para la representación, incumpla con su deber y que no se trate de miembros del gobierno actuando por fuera de su carácter oficial o de autoridades subordinadas. En tanto esté dado este requisito, previo a la medida en pos de la unidad del Reich *(Reichsexekution),* se precisaría, aun conforme a la práctica estatal vigente, una audiencia de los afectados acerca de las objeciones interpuestas. Incluso sería un requisito necesario realizar un reclamo formal previo por deficiencias, conforme al artículo 15, inciso 3, de la RVERF (al menos en los casos como este en el que no se trate de incumplimientos manifiestos de deberes).

Prusia no habría infringido sus deberes ante el Reich. Un gobierno provisional sería constitucional, conforme al artículo 59 de la Constitución de Prusia (PRV, por su sigla en alemán), y no iría en contra del artículo 17 de la RVERF.

La modificación de las disposiciones del Reglamento del *Landtag* referidas a la elección del Presidente del Gobierno sería correcta en lo que concierne a su legalidad, no sería una carga para el Consejo de Ministros y ya habría sido anticipada mediante una resolución del *Landtag* nuevo, que va en la misma orientación. No sería un problema el tiempo que lleve la conformación del gobierno, en tanto existiere un debido gobierno provisional.

La divergente composición política del Gobierno del Reich y del Estado Federado asumida conscientemente por la RVERF no debería conducir a que el Reich maneje las contradicciones surgidas de esto como incumplimientos del deber y que las dirija a su favor amparándose en el artículo 48, inciso 1, de la RVERF con la colaboración del recurso del Reich para con los Estados Federados *(Reichsexekution)*.

Las medidas implementadas en función del Decreto del 20 de julio de 1932 no habrían sido admisibles de no haberse presentado las condiciones establecidas en el artículo 48, inciso 1, de la RVᴇʀꜰ.

La destitución de los ministros evidentemente se habría orquestado con objetivos cuya persecución no habría tenido en miras el artículo 48, incisos 1 y 2, de la RVᴇʀꜰ, sino la eliminación temporal o permanente del dualismo entre el Reich y Prusia.

Las fracciones socialdemócratas y del *Zentrum* del *Landtag* de Prusia han adherido a estas declaraciones de los Ministros del Estado Federado de Prusia. Como fundamento de su legitimación objetiva han señalado que no son ajenos al derecho público los casos en los que las autoridades ejecutivas podrían iniciar acciones a la representación de la Nación ante los tribunales. Correspondientemente se debería conceder legitimación objetiva tanto al Consejo de Ministros como al *Landtag,* pero también a las fracciones del *Landtag* llamadas a la cooperación para el proceso de toma de decisiones del Estado. El derecho de las fracciones a participar del proceso contencioso, además, se debería deducir a partir de que la intervención accesoria se debería tomar como admisible en el proceso ante el Tribunal Estatal. No obstante, y al fin y al cabo, el presente litigio no debería considerarse sencillamente como proceso contencioso entre el Reich y un Estado Federado, sino, al mismo tiempo, como proceso de índole constitucional dentro de Prusia y, en ese caso, se trataría de derechos en los que las fracciones individuales estarían implicadas conforme a la Constitución, por ejemplo respecto del derecho de representación de la nación, para ser parte de la conformación del gobierno en pos de la forma de gobierno parlamentaria-democrática.

El Gobierno del Reich, manteniendo su postura, se ha opuesto a las declaraciones del Consejo de Ministros de Prusia y, entretanto, ha contradicho el punto de vista que esboza que la salvaguardia de asuntos del Estado Federado por parte del Comisario del Reich sería inadmisible. El gobierno comisarial habría de realizar toda tarea que exija el bienestar del Estado Federado y, asimismo, debería defender los asuntos de la administración personal, dedicarse en general a tales asuntos de la administración del momento que, en sí mismos y observados en particular, no sirvan directamente al restablecimiento de la seguridad y el orden públicos. La destitución de los ministros no debería ser un alejamiento permanente de sus cargos, sino un tipo de suspensión. En un principio, se proyectaba solamente la destitución en el cargo del presidente del Gobierno BRAUN y del ministro SEVERING. El Canciller del Reich recién ha considerado necesario apartar también a los demás ministros de la conducción de los asuntos que estaban tratando, al haber ellos declarado su solidaridad para con los ministros a los que ya se había destituido. En virtud del artículo 48 de la RVerf, no se habría designado, ni ascendido, ni jubilado a funcionarios del Estado Federado. No obstante, se ha jubilado a una serie de funcionarios políticos de manera temporal. En tanto se los sustituya mediante otros funcionarios, se les encomendaría (con una excepción) solo temporalmente, es decir, comisarialmente o en representación, la salvaguardia de los asuntos oficiales. Asimismo, se habría designado o ascendido a funcionarios en una cantidad mayor de casos, conforme a los puestos disponibles. Estas designaciones se habrían ejecutado de la manera usual hasta el momento, en el marco de la administración corriente e independientemente de la medida del Presidente del Reich.

Las declaraciones del Consejo de Ministros de Prusia respecto de la violación de los principios de cordialidad nacional e igualdad de los Estados Federados por parte del Reich no serían ni acertadas dentro de lo que es la realidad, ni fundadas desde un punto de vista legal.

Al emprender un juicio objetivo, no se puede negar que se ha presentado peligro en la demora. Las negociaciones previas, advertencias de intervenciones inminentes, reclamos por vicios o similares habrían puesto en peligro la resolución de la situación de manera sumamente riesgosa y quizás habrían tergiversado el asunto, por lo que no habrían sido necesarios.

En contraposición a esto, el Consejo de Ministros de Prusia ha sostenido la demanda en su totalidad y ha señalado que el Comisario del Reich no habría dispuesto solamente una suspensión temporal, sino la destitución definitiva y por completo del Presidente del Gobierno y de los ministros del Estado Federado de Prusia. Por otro lado, el Comisario del Reich y los demás comisarios designados por él se habrían señalado como Presidente del Gobierno, Gobierno del Estado Federado de Prusia y Consejo de Ministros de

Prusia y habrían hecho uso del derecho de soberanía de la amnistía. Asimismo, habrían reclamado el derecho a emitir declaraciones del Gobierno del Estado Federado y habrían negado ese derecho a los ministros prusianos. El Gobierno del Reich habría pasado a depender del Partido Nacional Socialista, a partir de junio de 1932. La designación de un Comisario del Reich para Prusia se debería a una exigencia de dicho partido. Esto constituiría una violación jurídica de las formas a nivel nacional.

La afirmación de que los ministros posteriormente destituidos de la dirección de los asuntos corrientes se habrían declarado en solidaridad con los ministros BRAUN y SEVERING en su escrito del 20 de julio de 1932 sería engañosa y falaz.

El surgimiento de una situación de guerra civil no constituiría, sin más, un incumplimiento del deber del Estado respectivo en el sentido del artículo 48, inciso 1, sino que eso sería plausible solamente si el Estado la hubiere generado o no la hubiere combatido de manera suficiente. Estas condiciones no se habrían dado en el Estado Federado de Prusia. No obstante, según la opinión de los ministros prusianos, el Gobierno del Reich tendría una responsabilidad significativa en el agravamiento de la situación.

En el caso de las demandas del Gobierno del Reich, no se trataría de incumplimiento de deberes jurídicos conforme al artículo 48, inciso 1, de la RVErf, sino de divergencias en las opiniones políticas y de cuestiones de conveniencia. En cuestiones de discrecionalidad política, el Gobierno de Prusia no estaría obligado jurídicamente a acordar siempre con los pareceres súbitamente cambiantes del Gobierno del Reich.

Las fracciones socialdemócrata y del *Zentrum* del *Landtag* de Prusia habrían señalado también que la opinión del Gobierno del Reich de que no se apreciaría una contienda de índole constitucional dentro del Estado Federado de Prusia no concordaría con sus otras declaraciones. Asimismo, han hecho propias las demás declaraciones del Consejo de Ministros de Prusia. En la audiencia oral, declararon que sus peticiones también deberían dirigirse contra el Comisario del Reich.

El Estado Federado de Prusia y ambas fracciones del *Landtag* han solicitado la presentación de pruebas de que las negociaciones con los nacionalsocialistas sobre el apoyo del Gabinete de VON PAPEN habrían precedido a los procedimientos del Gobierno del Reich contra Prusia del 20 de julio de 1932. Dentro de estas negociaciones se les habría prometido el levantamiento de la prohibición de llevar uniforme, de la prohibición de las *Sturmabteilung* (SA) y las *Schutzstaffel* (SS), la modificación de las relaciones del personal en Prusia en un sentido político-partidario, la designación de un hombre acreditado como Presidente del Gobierno o Comisario del Reich en Prusia y la reorganización de la administración interna de Prusia con una fuerte colaboración de las fuerzas nacionalsocialistas. Por consiguiente, todas estas cuestiones habrían influido de manera determinante en la forma de proceder del 20 de julio de 1932, sobre todo en su extensión y elaboración. Se ha citado como testigos de esto al

BARÓN DE GLEICHEN, al líder del Partido Nacionalsocialista Obrero Alemán ADOLF HITLER, al canciller del
Reich VON PAPEN, al ministro de Defensa del Reich
VON SCHLEICHER, al secretario de Estado PLANCK y al
ministro Dr. FRICK (fuera de servicio). El Canciller del
Reich ha declarado al respecto que no se habrían llevado a cabo negociaciones y acuerdos de esta índole
ni por su persona, ni por representantes que actuaran
en su nombre, ni tampoco previo a su asunción como
Canciller del Reich. Las partes han presentado y hecho entrega de declaraciones del ministro SEVERING
y del barón VON GAYL respecto del contenido de su
conversación mencionada anteriormente.

En relación a la petición "C", el Consejo de Ministros de Prusia reivindicó que se habría puesto
particular importancia en la decisión de la cuestión
de si el Estado Federado de Prusia habría cumplido
con su deber conforme al artículo 48, inciso 1, de la
RVERF. Luego de que el Presidente y el Gobierno del
Reich negaran esto sin previa consulta a Prusia, los
miembros de la parte actora habrían podido exigir la
comprobación de esta determinación infundada según
su opinión. Esta comprobación sería de importancia
para el caso en que el Tribunal Estatal debiera llegar
a la decisión de que las medidas tomadas habrían
sido inadmisibles por otras razones, tanto conforme
al inciso 1 como al 2 del artículo 48, o que habrían
estado justificadas según el artículo 48, inciso 2.

El Gobierno del Reich indica que la petición "C"
tendría su fin ante la determinación de hechos que
ya se habrían presentado en el procedimiento en

trámite para la apreciación del juez, junto con sus consecuencias jurídicas. Conforme a esta petición, no se trataría aquí una demanda particular de decisión declarativa. En este sentido, faltaría la necesidad de protección jurídica.

Los ministros del Estado Federado de Prusia han hecho propias las declaraciones de hecho y derecho del Consejo de Ministros de Prusia y, sobre todo, como prueba de la legitimación activa y pasiva, aquellas declaraciones de los escritos presentados en la misma causa por parte de las fracciones del *Zentrum* y social-demócrata. Se remiten aquí a su carácter de titular de órgano designado directamente para la cooperación en la formación de la voluntad del Estado.

El Gobierno del Reich ha declarado al respecto que el Tribunal Estatal no tendría competencia sobre la decisión respecto de demandas que los ministros de Prusia hubieren dirigido contra el Reich no como representantes del Estado de Prusia, sino personalmente, como titulares de órganos, y que, por tanto, una intervención accesoria no sería procedente conforme al Derecho Procesal en la causa del Tribunal Estatal 15/32. No se trataría de una contienda dentro de un Estado, ya que tal contienda presupondría un conflicto entre autoridades del mismo Estado.

El Comisario del Reich ha solicitado el rechazo de las peticiones presentadas en su contra por parte de los ministros del Estado Federado de Prusia, a falta de legitimación pasiva, debido a que habría un conflicto de índole constitucional dentro de Prusia. Asimismo, ha contradicho las pretensiones de ambas fracciones del *Landtag*, expuestas en la audiencia oral, de extender sus reclamos hacia él como parte demandada.

El Estado de Baviera solicita hacer constar que:

El Reich podrá atribuirse las funciones de poder de los Estados Federados, correspondientes a estos conforme a la Constitución del Reich y las Constituciones de los Estados Federados, frente a Baviera, en pos de una acción del Reich para con los Estados Federados *(Reichsexekution)* conforme al artículo 48, inciso 1, de la RVERF o en pos de medidas dictatoriales conforme al artículo 48, inciso 2, de la RVERF, solamente en tanto la medida sea compatible con el carácter federal del Reich y sea necesaria para el cumplimiento de los deberes presuntamente incumplidos por el Estado Federado, o bien, para el restablecimiento de la seguridad y el orden públicos.

Particularmente, no se halla compatibilidad con la Constitución del Reich, cuando en virtud del artículo 48, incisos 1 y 2:

a)   se despoja de su cargo a miembros del gobierno de Estados Federados o se designa a nuevos miembros del gobierno de Estados Federados,

b)   se anula, limita o afecta la representación de un Estado Federado ante el Reich, sobre todo el derecho de los gobiernos de Estados Federados a designar e instruir a los apoderados dentro del *Reichsrat* (art. 63 de la RVERF),

c)   se designa, ascienda, jubila o despida a funcionarios del Estado Federado,

d) se aceptan préstamos por cuenta de un Estado Federado.

El Estado Federado de Baden solicita se reconozca que:

Se hace constar que: el Reich podrá atribuirse las funciones de poder del Estado Federado, correspondientes a estos conforme a la Constitución del Reich y las Constituciones de los Estados Federados, frente al Estado de Baden, en pos de una acción del Reich para con los Estados *(Reichsexekution),* conforme al artículo 48, inciso 1, de la RVERF o en pos de medidas dictatoriales conforme al artículo 48, inciso 2, de la RVERF, solamente en tanto la medida sea compatible con el carácter federal del Reich y sea necesaria para el cumplimiento de los deberes presuntamente incumplidos por el Estado Federado, o bien, para el restablecimiento de la seguridad y el orden públicos.

Particularmente, no se halla compatibilidad con la Constitución del Reich, cuando en virtud del artículo 48, incisos 1 o 2:

a) se despoja de su cargo temporal o permanentemente a miembros del gobierno de Estados Federados o se designa a nuevos miembros del gobierno de Estados Federados,

b) se anula, limita o afecta la representación de un Estado Federado ante el Reich, sobre todo el derecho del gobierno de Estados Federados a designar e instruir a los apoderados dentro del *Reichsrat* (art. 63 de la RVERF),

c) se designa, ascienda, jubila o despida a funcionarios del Estado Federado,

d) se aceptan préstamos por cuenta de un Estado
Federado.

En pos de la justificación de su petición, Baviera rei-
vindica que:

La petición habría sido motivada por el Decreto
del Presidente del Reich del 20 de julio de 1932, en
referencia al restablecimiento de la seguridad y el
orden públicos en la región del Estado Federado de
Prusia. El gobierno de Baviera no tiene intenciones
de inmiscuirse con esto en la contienda constitucional que concierne a Prusia y al Reich, cuyo motivo
poco conoce como para poder tomar una posición
en particular. No obstante, para todos los Estados
Federados existiría un interés jurídico inmediato en
la determinación de los límites dentro de los cuales
el Reich debería emprender sus acciones haciendo
uso de los derechos que le competen conforme al
artículo 48, incisos 1 y 2. El Gobierno del Reich, en
la Conferencia de Estados Federados en Stuttgart,
del 23 de julio de 1932, habría dado garantías tranquilizadoras al resto de los Estados Federados, expresando que la extensión de las medidas acaecidas
frente a Prusia no los alcanzaría, porque en los otros
Estados Federados estarían garantizados la paz y el
orden. Sin embargo, habría entrado luego dentro de
las posibilidades el hecho de que ocasionalmente
se considerara necesario un procedimiento similar
frente a otros Estados Federados.

Conforme a la opinión de Baviera, el Reich no
habría observado los límites de lo admisible según la

Constitución en su procedimiento frente a Prusia. En función de esto, habría surgido un litigio, en el sentido del artículo 19 de la RVᴇʀғ, entre el Reich y Baviera. Surgiría así una relación jurídica litigiosa pasible de verificación judicial, debido a que la situación de calma de las relaciones existentes entre el Reich y los Estados Federados, conforme a la Constitución del Reich, se vería corrompida en virtud de una intromisión de una parte en la jurisdicción de la otra. Ya habría ocurrido esta afectación a la situación de calma frente a todos los Estados Federados a partir del Decreto del 20 de julio de 1932, que contendría una intromisión tal en los derechos no solo de Prusia, sino también de los demás Estados Federados, a la que Baviera se opuso de inmediato. Asimismo, el resultado de la Conferencia de Estados Federados en Stuttgart, del 23 de julio de 1932, en la que el Reich ha defendido su posición, y los sucesos en la reunión del comité del *Reichsrat* del 27 de julio de 1932, en la que el Gobierno del Reich ha permitido la presentación de sus apoderados como representantes de Prusia, y en la que los Estados Federados han protestado contra la legitimación de estos representantes, pero el representante del Gobierno del Reich habría optado por una posición contraria, han demostrado en igual sentido la existencia de un litigio entre Baviera y el Reich, conforme al artículo 19 de la RVᴇʀғ. Por lo demás, alcanzaría con que existiera una contienda lo suficientemente definible al momento del fallo. Las negociaciones enunciadas entre Baviera y el Reich serían actos del Estado Federado y no discusiones simplemente teóricas. La divergencia en las opiniones habría devenido en una relación jurídica firme y en un litigio de relevancia jurídica. Que esta relación jurídica sea relativa no suprimiría su verificabilidad judicial. Alcanzaría que la intromisión amenace la esfera jurídica de un Estado Federado y sería recomendable, incluso, tratar los litigios ante el Tribunal Estatal, conforme a los criterios de la cordialidad nacional, antes que esto genere consecuencias graves. La facultad para peticionar oscilaría en límites más amplios que el derecho a promover una acción declarativa en la contienda civil.

El motivo de la demanda de Baviera sería particularmente la preocupación por un futuro procedimiento del Reich contra este Estado Federado que se presentare en vista del criterio por el que vela el Reich en su intervención contra Prusia. Se intensificaría el interés a raíz del fuerte "impacto de los precedentes" de los fallos emitidos por el Tribunal Estatal, también por el fallo inminente en el proceso que Prusia dejó pendiente en vistas del Decreto del 20 de julio de 1932, y en virtud de las relaciones poco claras provocadas por el procedimiento contra Prusia en el *Reichsrat*. En este sentido, no se trataría del ejercicio de los derechos de un órgano del Reich, es decir del *Reichsrat*, sino de derechos propios de Baviera en el marco del Reich. Pues la cuestión de la composición del *Reichsrat* podría afectar a todos los Estados Federados. Ya se habría provocado un perjuicio tal de los derechos de Baviera y de los otros Estados Federados mediante el procedimiento actual contra Prusia. Baviera sustenta su demanda también en esta violación de su derecho ya consumada.

En el caso de la facultad de la acción para con los Estados Federados del Reich *(Reichsexekution)*, se trataría de un instituto legal resultante del carácter de Estado federal, así como el poder dictatorial sería necesario en el Estado federal solo en tiempos de emergencia. No obstante, del carácter federal del Reich surgirían límites para ambas instituciones. Asimismo, los límites se verían también en el precepto jurídico vigente no solo para medidas policiales, que esboza que las medidas jamás podrían continuar más allá de lo necesario para el alcance del objetivo perseguido. Las medidas tomadas conforme al artículo 48, incisos 1 y 2, de la RVERF no deberían contradecir las disposiciones de los otros artículos en la Constitución del Reich sobre los que el artículo 48 no tiene supremacía, sino que se encuentra en pie de igualdad. Sobre todo, estas medidas no podrían comprender acciones que pudieran perjudicar el carácter de los Estados Federados como Estados independientes en el marco de la Constitución del Reich. Tampoco serían admisibles aquellas medidas que, en teoría, no fuesen necesarias para lograr los objetivos mencionados en el artículo 48, incisos 1 y 2.

Conforme a lo enunciado, sería inadmisible despojar de sus funciones o nombrar nuevos miembros del gobierno de los Estados Federados. Más allá del artículo 17, la Constitución del Reich presupondría también, dentro de otras disposiciones, la existencia de órganos superiores de representación de los Estados Federados, autónomos e independientes del Reich. En caso de que un Estado Federado debiera supeditar su gobierno al mando de un órgano que no se encuentre en su jurisdicción, su Parlamento también perdería el carácter exigido por el artículo 17. En pos del alcance de los objetivos previstos en el artículo 48 de la RVᴇʀꜰ, en teoría, no sería necesario despojar a ministros de sus cargos. Las deliberaciones y toma de decisiones dentro del gobierno de un Estado Federado y la función de los ministros en el *Landtag* no podrían significar el incumplimiento de un deber frente al Reich.

Conforme a su estructura, el Reich se encontraría imposibilitado de participar y tener representación en el *Reichsrat,* en función de lo estipulado por la RVᴇʀꜰ. "Gobierno", en el sentido del artículo 63, sería solamente aquel que haya sido nombrado conforme al Derecho Constitucional del Estado Federado. Bajo este concepto entrarían también los gobiernos provisionales. Mediante el ejercicio de sus funciones en el *Reichsrat*, un Estado Federado no podría infringir un deber que le incumba frente al Reich, ni tampoco estorbar la seguridad y el orden públicos. La extensión de medidas según el artículo 48 de la RVᴇʀꜰ, en pos del despojo de un Estado Federado de sus funciones en el *Reichsrat*, nunca podría ser necesaria en teoría para lograr los objetivos previstos en el artículo 48. Asimismo, todas las otras medidas que supriman o perjudiquen la continuidad de la facultad de representación de los gobiernos de los Estados Federados frente al Reich serían jurídicamente inadmisibles.

En virtud de la doble razón que se funda en la incompatibilidad con la estructura federal del Reich y la falta de necesidad del medio aplicado, serían inadmisibles también el nombramiento, ascenso, despido, y/o jubilación de funcionarios del Estado a raíz del artículo 48. En caso de ser necesario, el Comisario del Reich debería conformarse con la utilización comisarial de otros funcionarios.

El consentimiento necesario del *Landtag*, según la Constitución del Estado de Baviera, para aceptar empréstitos no podría reemplazarse mediante una medida fundada en el artículo 48 de la RVERF.

Los miembros del gobierno del Estado Federado deberían estar facultados permanentemente para representar al Estado Federado afectado no solo ante el Tribunal Estatal, sino también en el *Reichsrat* y en el *Reichstag*.

El Estado Federado de Baden ha expuesto principalmente lo siguiente:

El litigio concreto entre el Reich y Prusia no será objeto de discusión, ya que no se dispondría en este sentido de la legitimación activa y el conocimiento suficiente de los acontecimientos de hecho. Se tendría por objeto más bien la determinación de que se establecieran ciertos límites absolutos al procedimiento de la dirección del Reich contra el gobierno de un Estado Federado, apoyándose en el artículo 48, incisos 1 y 2. Se presentaría entonces una contienda en el sentido del artículo 19 de la RVERF, a pesar de que las respectivas cuestiones entre el Reich y Baden no se hallen

litigiosas en ese sentido, debido a que el Reich habría
amenazado o considerado tomar medidas de esta
índole ante este Estado Federado. Esto resultaría del
hecho de que el Reich habría hecho uso de derechos
en contradicción con el Estado Federado de Baden
en las Conferencias de Estados Federados de Berlín y
Stuttgart, en una sesión del *Reichsrat*, y también en el
presente litigio. Baden tendría un fuerte interés en la
aclaración inmediata de esta cuestión, especialmente
porque el procedimiento contra Prusia deja entrever
que el Reich exige facultades notablemente más amplias
que antes, en relación a las condiciones y al alcance
en el caso de intromisión en un Estado Federado en
virtud del artículo 48. Si bien el Gobierno del Reich
actual habría dado garantías tranquilizadoras a Baden,
aún existiría el riesgo de una intervención similar
de un futuro Gobierno del Reich en otros Estados
Federados, así como se hizo en Prusia. Una vez que
haya tenido lugar una intervención tal, la tolerancia
de las opiniones divergentes pasaría a complicarse
notablemente, como lo muestra el caso actual. Una
demora en el fallo no estaría en concordancia con la
tarea del Tribunal Estatal de impedir conflictos con
consecuencias graves. Teniendo en cuenta negociaciones contractuales inminentes, etc., Baden tendría
un interés notable por saber quién es el gobierno del
Estado Federado de Prusia al día de hoy. En cuanto
a la cuestión de la instrucción de los apoderados en
el *Reichsrat,* también existiría el interés por la determinación en el caso de la intromisión en otros
Estados Federados, aun también por la intromisión

que ya ha tenido lugar en Prusia. Sin la aclaración pertinente, se pondrían en tela de juicio sobre todo la capacidad de negociación del *Reichsrat* y la eficacia jurídica de sus decisiones. Baden tendría también un interés jurídico en saber quién debería representar al Estado Federado de Prusia en el *Reichsrat* y quién debería proveer con instrucciones a sus apoderados en el *Reichsrat*.

Por lo demás, la admisibilidad de la demanda interpuesta reposa en que no se ha hecho uso de un derecho del *Reichsrat*, sino de un derecho del Estado Federado a designar a sus apoderados en el *Reichsrat*. Asimismo, en ninguna de las peticiones formuladas se trata una contienda de índole constitucional dentro del Reich, de un litigio entre el Reich y uno de sus órganos.

Aun frente al artículo 48, se debería salvaguardar un mínimo de derechos del Estado Federado y de su gobierno. Básicamente el artículo 48 no tendría prioridad por sobre las normas fundamentales de la Constitución del Reich.

Aun ante la presencia de las condiciones del artículo 48, incisos 1 y 2, de la RVᴇʀꜰ serían inadmisibles, por un lado, las medidas que usurpen la existencia de los Estados Federados y su carácter federal o que le quiten al Estado Federado la posibilidad de perseguir sus derechos previstos o regulados por la Constitución del Reich. Por otro lado, también serían inadmisibles aquellas medidas que no observaren el principio de la proporcionalidad del medio. No solo debería permanecer la existencia del Estado

Federado como tal en el caso de la designación de un Comisario del Reich en virtud del artículo 48 de la RVerf, sino también la de su organización, aunque con competencia limitada, es decir el mínimo organizacional. La revocación del carácter de ministro en el caso de miembros individuales del Gobierno del Estado Federado jamás sería necesaria para alcanzar el objetivo real de la acción contra el Estado Federado *(Reichsexekution)*, por otra parte, sería improcedente, en vistas al artículo 17, inciso 1, oración 3, de la RVerf. El Gobierno del Estado Federado electo debería rendir cuentas ante el *Landtag*, reunirse para la toma de decisiones y poder representar los derechos del Estado Federado sobre todo ante el Reich.

El *Reichsrat* sería la única institución de la Constitución del Reich en la que el carácter federal del Reich encontraría su expresión fundamental. Podría cumplir con su función, solamente si en él resaltara la voluntad de los Estados Federados, es decir de los gobiernos de los Estados Federados impuestos por la confianza de sus parlamentos. En conformidad con esto, la instrucción de los apoderados dentro del *Reichsrat* sería exclusiva cuestión del Gobierno del Estado Federado. Todos los Estados Federados tendrían derecho a ser representados conforme a la Constitución en el *Reichsrat*.

Respecto del ejercicio de la soberanía de los funcionarios y la aceptación de empréstitos, Baden se ha expresado en esencia del mismo modo que Baviera.

El Gobierno del Reich ha solicitado rechazar las peticiones formuladas. A este respecto, ha declarado lo siguiente:

La característica esencial de ambas demandas sería su carácter general, abstraído de una situación de hecho o una circunstancia, referido al futuro y teórico, así como el objetivo de un fallo generalizado y fundamental sobre cuestiones de derecho referidas al contenido del artículo 48 de la RVᴇʀꜰ, en lugar de buscar la determinación de relaciones jurídicas concretas. Es por eso que las demandas serían inadmisibles.

El objeto de una contienda entre el Reich y un Estado Federado en el sentido del artículo 19 de la RVᴇʀꜰ debería ser una relación jurídica concreta, así como también en el proceso civil la acción declarativa solo podría orientarse a la determinación de la existencia o inexistencia de una relación jurídica (posiblemente relativa), pero no a una situación jurídica general, a un estado jurídico. La opinión divergente de los miembros de la parte actora conduciría a que el Reich debiese responder preguntas sobre problemas de índole constitucional en forma imprevisible, comprometerse con criterios jurídicos independientemente de una situación de hecho concreta, y, de este modo, tener que aguardar por un proceso ante el Tribunal Estatal, aun cuando el punto de vista jurídico adoptado no hallare aceptación en uno solo de los Estados Federados. No existiría un derecho interpuesto por ambos Estados Federados en virtud de la Constitución del Reich y negado por el Reich, por lo que tampoco habría una contienda entre el Reich y un Estado Federado.

Una intromisión del Reich en los derechos de un Estado Federado no significaría, al mismo tiempo, una intromisión en los derechos de los demás Estados Federados, en todo caso, no una intromisión en función de una situación de hecho concreta que generaría una relación jurídica concreta. Por lo tanto, tampoco se presentaría aquí una relación jurídica real entre el Reich y Baviera o Baden, ya que faltarían hechos que fundamenten tal relación jurídica. Esa relación no se habría generado particularmente por las declaraciones esbozadas en las Conferencias de Estados Federados de Berlín y Stuttgart y los planteos interpuestos y las discusiones en el litigio en trámite, debido a que todos estos solo se referirían a una situación jurídica general. No faltaría un litigio entre las partes, sino sobre una relación jurídica concreta. No se trataría aquí de actos del Reich contra Baviera o Baden, sino de la cuestión de si se podría proceder de tal modo contra ellos en el futuro. Las mismas negociaciones se habrían referido a la situación jurídica general entre el Reich y los Estados Federados y, por eso, las declaraciones esbozadas no podrían haber sido actos del Reich que afecten a una relación jurídica concreta.

Sin disposición legal expresa, no se podría plantear un litigio por relaciones jurídicas concretas en pos del deseo de un efecto preventivo. Asimismo, no sería posible deducir la admisibilidad de la demanda por determinación de la situación jurídica general a partir de los efectos precedentes que podrían tener sentencia sobre una relación jurídica concreta para casos similares.

Del mismo modo, así como no habría contienda, tampoco habría una amenaza o riesgo directos en el caso de ambos Estados Federados que pudiera justificar un interés jurídico en la determinación. No podría aducirse la prueba del interés jurídico en la determinación inmediata de una relación jurídica concreta, debido a que el Reich no se ha jactado de un derecho concreto relativo al artículo 48 ante los Estados Federados de Baviera y Baden, más bien ha dejado en claro, sobre todo en la Conferencia de Estados Federados de Stuttgart, que no se encontraba en discusión un procedimiento como el de Prusia ante otros Estados Federados. En esta línea se mantendrían también las declaraciones esbozadas por el Reich en la presente contienda, de modo que no podría recurrirse a ellas como prueba del interés jurídico.

Un determinado Estado Federado no tendría ningún derecho subjetivo a que se representare a todos los Estados Federados conforme a la Constitución en el *Reichsrat*, y a que se expresara allí la voluntad política de los Estados Federados. Sin perjuicio de que un Estado Federado represente su propio derecho con voz y voto en el *Reichsrat*, la cuestión de la estructura del *Reichsrat* sería concerniente solamente al derecho objetivo de la Constitución del Reich. El Gobierno de Baden estaría mezclando aquí el derecho subjetivo con las posibilidades reales de repercusión del Derecho Constitucional objetivo y de los derechos de influencia de otros Estados Federados y, de ese modo, lograría inmiscuirse en las relaciones internas de otro Estado Federado. La misma reflexión rige también para la afirmación de Baviera de que los Estados Federados no precisaban soportar modificaciones que, según su interpretación de la Constitución del Reich, serían inadmisibles. Que el Gobierno comisarial dirija los votos del gobierno de Prusia en el *Reichsrat* se fundamentaría mediante el artículo 48 de la RVᴇʀꜰ en congruencia con el artículo 49 de la Constitución de Prusia. Que en esa circunstancia debiera expresarse la voluntad política de Prusia, es decir que detrás de los votantes en el *Reichsrat* debiera haber un gobierno del Estado Federado con la confianza del Parlamento, no se encontraría reglado en la Constitución del Reich. El Gobierno Comisarial debería llevar adelante los asuntos del Gobierno del Estado Federado de Prusia. En tanto el artículo 17 de la RVᴇʀꜰ prescribiría el Sistema de Gobierno Parlamentario, el artículo 48 lo modificaría temporalmente.

Al plantear la cuestión de la vigencia jurídica de las resoluciones del *Reichsrat* emitidas durante el gobierno comisarial, el gobierno de Baden estaría demostrando que en realidad se trataría de una controversia de índole constitucional dentro del Reich. No obstante, esta reflexión se podría interponer ante las demandas en general por las cuales se coloca como materia de fallo la delimitación del poder de todos los Estados Federados frente a la facultad de los órganos unitarios del Reich, es decir que se solicita una toma de posición respecto de la cuestión de la organización del Reich. Baviera y Baden no perseguirían ningún derecho subjetivo propio, sino que intentarían hablar por todos los Estados Federados. Asimismo, sus peticiones darían lugar a la inadmisible anticipación de la Ley del Reich anunciada en el artículo 48, inciso 5, de la RVerf.

No se trataría de demostrar que ciertas posibles actividades de un Estado Federado, a saber instrucción y votación en el *Reichsrat*, asesoramiento y resoluciones de gobiernos de Estados Federados, no podrían cumplimentar nunca las condiciones de los incisos 1 y 2 del artículo 48. Una previsión general y estandarización anticipada de lo que en teoría pudiere ser necesario o no serlo nunca, y por eso pudiere ser inadmisible, sería imposible ante facultades excepcionales como estas. Se trataría de un anticipo anticonstitucional de la evaluación política obligatoria de una situación de hecho. El gobierno del Reich no tendría motivo alguno para manifestar una opinión jurídica sin tener en cuenta el estado de las cosas en Prusia.

Que un gobierno comisarial no fuera inadmisible debido a los "efectos" del artículo 17 de la RVerf, es decir que no goce de la confianza del *Landtag*, lo indica el ejemplo de los gobiernos provisionales que también carecen de esta confianza. El por qué se deberían poner trabas a un gobierno comisarial a la hora de designar funcionarios o aceptar empréstitos en vistas a su efecto duradero sería aún menos comprensible en tanto los miembros de la parte actora habrían reconocido que también una medida o un mandato temporal podría conformar la base de efectos permanentes con vigencia jurídica total. El gobierno comisarial debería realizar todo acto que exija el bienestar general, y también defender los asuntos de la administración del personal.

En tanto se transfirieran las facultades del Consejo de Ministros y de los ministros al gobierno comisarial, se englobaría también allí la facultad de representación del Estado Federado hacia el exterior, sobre todo la designación e instrucción de los representantes del gobierno en el *Reichsrat*. Se trata de una facultad que es parte esencial de las funciones de gobierno de un Estado Federado alemán. De las palabras "miembros de sus gobiernos"[113] del artículo 63, no se deduce que no puedan incluirse allí también miembros de un gobierno provisional o de un gobierno comisarial. Más bien el gobierno comisarial impuesto por el Decreto del 20 de julio de 1932 es un gobierno en el sentido del artículo 63. No se trataría de una delegación del gobierno del Reich, sino que habría sido impuesto al Estado Federado de Prusia para que se maneje de manera autónoma. Es ese gobierno y no el Reich quien instruye los votos de Prusia que podrían reivindicar intereses específicos del Estado Federado que se encuentren en contraposición con la postura del gobierno del Reich.

II

Las peticiones sobre las que tiene que decidir el Tribunal Estatal se dividen en tres grupos.

---

113 "Mitglieder ihrer Regierungen", en alemán (n. del trad.).

El primer grupo lo conforman las peticiones que se dirigen directamente contra el Decreto del 20 de julio de 1932 y su ejecución. Con el segundo grupo, se aspirará a una decisión del Tribunal Estatal acerca de que hay ciertas medidas efectuadas en virtud del artículo 48 de la RVᴇʀꜰ que no se deberían poder ejecutar nunca y bajo ninguna circunstancia. El tercer grupo lo conforma la petición de una sentencia especial que indique como infundadas y no comprobadas las afirmaciones del Reich según las cuales Prusia habría incumplido determinados deberes ante el Reich.

El Tribunal Estatal se niega a tomar una decisión pertinente en referencia a las peticiones del segundo grupo. No subestima el interés que tienen los Estados solicitantes en ver determinados de una vez los límites que debieran respetarse ante los Estados Federados en el caso de medidas basadas en el artículo 48. No obstante, este interés es de naturaleza política y no alcanza para justificar la suposición de que habría una contienda en el sentido del artículo 19 de la RVᴇʀꜰ. A diferencia del concepto utilizado en el artículo 13, inciso 2, de la divergencia de opiniones, este requiere la existencia de un litigio referente a una situación de hecho individual. Los solicitantes Baviera y Baden, a los que Prusia se ha unido, carecen de esto, con una excepción que se mencionará más adelante.

Que las contiendas del artículo 19 no podrían versar sobre divergencias en las opiniones acerca de cuestiones jurídicas abstractas, sino que más bien deban referirse a relaciones jurídicas concretas, se ha reiterado en la Comisión Constitucional de la

Asamblea Nacional Constituyente de Alemania, y sobre todo lo ha puesto de relieve el representante del Gobierno (Tomo 336 de los Anexos de los Informes Taquigráficos, pp. 114 y 411). En contraposición a esto, los miembros de la parte actora concuerdan en que existiría litigio sobre una relación jurídica concreta tal en su completa magnitud descripta por Baviera y Baden en sus peticiones. No obstante, esto no se desprende de sus indicaciones, particularmente de los acontecimientos en la Conferencia de Estados Federados de Stuttgart y de las declaraciones escritas y orales del Gobierno del Reich en el presente proceso contencioso. De esto se desprende más bien que las partes no están de acuerdo acerca del alcance jurídico del artículo 48 de la RVerf, es decir acerca del significado de un precepto jurídico, y no que el desacuerdo se presenta sobre una relación jurídica concreta existente entre ambas partes.

No obstante, si se presentara una contienda en el sentido del artículo 19, en tanto Baviera y Baden solicitan hacer constar que, en virtud del artículo 48 de la RVerf, no se puede usurpar la representación de un Estado Federado ante el Reich, principalmente en lo que concierne al derecho de los gobiernos de Estados Federados a designar e instruir a sus apoderados en el *Reichsrat*. Entretanto, a través del procedimiento contra Prusia se han afectado los intereses jurídicamente protegidos de los otros Estados Federados: he aquí la razón para la admisión de su facultad de peticionar.

Sobre todo en lo que concierne a la representación de Prusia en el *Reichsrat*, no se descarta que esta sea tomada como objeto de una contienda entre el Reich y otro Estado Federado, en el sentido del artículo 19 de la RVᴇʀꜰ. El *Reichsrat* es una institución marcadamente federal en la que los Estados Federados deben ser oídos. A través del *Reichsrat* ejercen su derecho constitucional de participación en lo que hace a la legislación y administración del Reich. No obstante, y en virtud de la relación de votos, no solo es importante que a cada Estado Federado individual se le admitan sus votos reglados conforme a la Constitución, sino que también el manejo de los votos de los otros Estados Federados se desarrolle conforme a las disposiciones normativas. A este respecto, los Estados Federados poseen un derecho público subjetivo garantizado por la Constitución del Reich. La persecución de este derecho no puede prohibirse en una contienda ante el Tribunal Estatal.

La interpretación por parte del Gobierno del Reich de que la opinión de los Estados Federados en el *Reichsrat* solo debería considerarse como una posibilidad de repercusión real del derecho constitucional objetivo (como el así llamado "efecto reflejo") no es compatible con el artículo 60 y siguientes de la RVᴇʀꜰ. Asimismo, no se justifica el reparo de que un Estado Federado se inmiscuya ilegítimamente en las relaciones internas de otro Estado Federado, reivindicando la inadmisibilidad de la representación en el *Reichsrat* de este otro Estado Federado por parte de un comisario del Reich. Debido a que una representación contraria a la Constitución de un Estado Federado en el *Reichsrat* afecta al mismo tiempo al derecho de los otros Estados

Federados a la ocupación del *Reichsrat* conforme a la Constitución, no se trata entonces de una intromisión inadmisible en relaciones ajenas, si es el caso de otros Estados Federados que persiguen el objetivo de la salvaguardia de ese derecho. Asimismo, la objeción no puede apoyarse en la afirmación de que Baviera y Baden utilizaran su voz no para sí mismos, sino para todos los Estados Federados. De tener lugar una intromisión por parte del Reich que afecte a varios o todos los Estados Federados, cada Estado Federado afectado tendrá derecho a perseguir su derecho ante el Tribunal Estatal, independientemente de los otros. La justificación dada para ello también se ajustaría regularmente o siempre a la relación jurídica del Reich respecto de los demás Estados Federados afectados. No obstante, esto no modifica que cada Estado Federado solicitante actúe por sí no solo formalmente, sino también por el asunto mismo, y que persiga sus propios derechos.

En relación a esto, no se puede impedir que el resto de los Estados Federados acepten la intromisión sin objeción alguna.

El fallo pertinente acerca de la última parte (admisible) mencionada de las peticiones de Baviera y Baden resulta de la decisión sobre las peticiones formuladas directamente contra el decreto.

Las mismas consideraciones de la parte declarada inadmisible de las peticiones de Baviera y Baden son las que contrastan con las peticiones de Prusia en el punto B. Solo se podrá reconocer un interés jurídicamente protegido de los miembros de la parte actora de

Prusia en el caso que se tratare de cuestiones surgidas directamente en virtud del Decreto del 20 de julio de 1932 y su ejecución. A las autoridades de Prusia no les corresponde un derecho de que más allá de esto se estipulen de una vez los límites del artículo 48 de la RVᴇʀꜰ conforme a direcciones determinadas.

Tampoco se le pueden adjudicar consecuencias al deseo de pronunciar expresamente que el Reich le reprocha al Estado Federado de Prusia un incumplimiento de deberes de manera injusta. Esta cuestión es una de las incidencias sobre las cuales el Tribunal Estatal debe tomar una posición para poder decidir luego acerca de las peticiones esbozadas directamente contra el decreto. Los intervinientes no tienen ningún derecho a exigir que una de estas incidencias se torne en objeto de una sentencia especial en el fallo. Tal requerimiento tampoco puede ser deducido de que se trata de una cuestión de particular importancia política.

Las demandas dirigidas directamente contra el Decreto del 20 de julio de 1932 y su ejecución fueron formuladas por el Estado Federado de Prusia, dos facciones del *Landtag* de Prusia, los ministros de Prusia que se encontraban en sus funciones al 20 de julio de 1932 y Baviera y Baden, en lo que respecta a la representación en el *Reichsrat* o frente al Reich.

No se pone en tela de juicio la *legitimatio ad causam* del Estado Federado de Prusia y de los Estados de Baviera y Baden, en tanto las peticiones son admisibles. El Tribunal Estatal se apoya también en la opinión de que el Estado Federado de Prusia puede ser representado en la presente contienda por el Consejo de Ministros en funciones al 20 de julio de 1932. Para ello, no solo se deben reivindicar las razones descriptas en la resolución del 25 de julio de 1932. Se agrega que, como se explicará más adelante, el Consejo de Ministros de Prusia de hasta ese momento se encuentra facultado ahora, como antes, para representar al Estado de Prusia ante el Reich.

El Tribunal Estatal no puede conceder la capacidad procesal a ambas fracciones en la presente causa. Sus peticiones escritas se dirigen exclusivamente contra el Reich, también en tanto en el escrito del 1° de septiembre de 1932 del Canciller del Reich, en su carácter de Comisario del Reich, se señala como representante del Reich para el Estado Federado de Prusia. No obstante, las fracciones no pueden impulsar un litigio contra el Reich, ya que conforme al artículo 19 de la RVᴇʀꜰ solo el Estado Federado está legitimado para esto. No son competentes para representarlo. Actúan como parte procesal autónoma. Sin embargo, tampoco pueden ser consideradas en autos como parte coadyuvante. No es necesario determinar siquiera si existe la posibilidad de una intervención accesoria en el proceso ante el Tribunal Estatal: bajo ningún punto de vista puede ser parte coadyuvante aquel que carece de capacidad procesal para ser parte principal. Se ha contrariado el intento de las fracciones de extender su demanda en la audiencia oral hacia el Comisario del Reich y sin la aprobación, la extensión ya no podía llevarse a cabo en este tramo del proceso.

En tanto las peticiones de los ministros individuales se encuentran dirigidas contra el Comisario del Reich, se presenta una controversia de índole constitucional dentro del Estado Federado de Prusia, ya que el Comisario del Reich ejerce el poder del Estado Federado en Prusia. Por tanto, existe una contienda entre autoridades que afirman su competencia como órganos superiores del Estado Federado y para la participación en la formación de su voluntad. En este sentido, la legitimidad de los ministros para presentar su petición es incuestionable. Sus peticiones se encuentran fundadas e infundadas en la misma magnitud que lo están las peticiones correspondientes del Estado Federado de Prusia contra el Reich. No obstante, en tanto los ministros demandan al Reich como personas individuales, carecen de capacidad procesal. En virtud del artículo 19, una contienda contra el Reich puede impulsarse solamente en nombre de un Estado y no por parte de autoridades o personalidades individuales en nombre propio.

Ante la toma de posición respecto de las peticiones formuladas directamente contra el Decreto del 20 de julio de 1932 y su ejecución, primero se debe resolver sobre la cuestión que se ha tornado litigiosa: ¿Cómo debe interpretarse el decreto? Los miembros de la parte actora parten de la base de que el decreto concedería al Comisario del Reich la facultad de despojar definitivamente a los ministros de Prusia de sus cargos. En contraposición a esto, el Reich defiende la postura de que el Decreto debe entenderse en sentido estricto y que solo autorizaría al Comisario del

Reich a despojar temporalmente de sus cargos a los ministros de Prusia, es decir, a tomar una decisión frente a ellos que signifique la destitución temporal (suspensión) de su derecho de funcionarios. El texto del decreto, en el que simplemente se habla de "destitución", plantea una interpretación amplia. Del texto de los escritos dirigidos al Presidente del Gobierno de Prusia y al Ministro del Interior de Prusia por parte del Canciller del Reich, el 20 de julio, es decir el día de la promulgación del decreto, se desprende que el Gobierno del Reich ha comprendido el decreto inmediatamente luego de su promulgación en este sentido amplio. Lo mismo resulta del hecho de que el Canciller del Reich haya intentado justificar, en su escrito del 21 de julio, la "destitución" ya emprendida y se haya referido al Presidente del Gobierno, Dr. Braun, como Presidente del Gobierno fuera de sus funciones. En ninguna de estas publicaciones se halla algo que indique la naturaleza de esta destitución como una medida simplemente temporal. El hecho de que el Canciller del Reich haya sido designado Comisario del Reich en el decreto solamente por el plazo de vigencia no presupone que las destituciones expresadas por él debieran tener también efectos solamente temporales. Ante estos hechos, carece de importancia decisiva la circunstancia de que el Gobierno del Reich haya optado por la interpretación restrictiva en el posterior desarrollo de la cuestión. En conclusión, el Tribunal Estatal es de la opinión de que mediante el decreto se ha otorgado la autorización al Comisario del Reich para despojar definitivamente de su cargo a los ministros del Gobierno de Prusia. De este modo, la evaluación del Tribunal Estatal deberá extenderse también hacia la cuestión de si es compatible con la Constitución del Reich que se otorgue una autorización de esta índole.

A partir de esto, se deberá comprobar si el Decreto del 20 de julio de 1932 halla el sostén necesario en el artículo 48 de la RVᴇʀꜰ. A este respecto, se debe separar la disposición del inciso 1 y las disposiciones del inciso 2 del artículo 48. La disposición del inciso 1 regula la acción para con los Estados por parte del Reich *(Reichsexekution)*: perfeccionándose con el artículo 19 de la Constitución del Reich del 16 de abril de 1871, otorga al Presidente del Reich el derecho a requerir a un Estado Federado el cumplimiento de los deberes que le incumben conforme a la Constitución y las Leyes del Reich, con el auxilio de las Fuerzas Armadas. Las disposiciones del inciso 2, en el que se encuentran reguladas las así llamadas "facultades del Presidente del Reich durante el gobierno dictatorial", tienen otra raíz histórica: aquí se continúa desarrollando, se amplía y se transfiere al Presidente del Reich el derecho concedido al Káiser en el artículo 68 de la RVᴇʀꜰ del 16 de abril de 1871 (declarar el estado de guerra en cada sector del territorio federal, en caso de verse amenazada la seguridad pública). Esta disposición no presupone ningún incumplimiento de deber por parte de un Estado Federado, sino que la condición necesaria más bien exclusiva es que la seguridad pública en el Reich se encuentre notoriamente perturbada o se halle en peligro. Conforme a lo expuesto, al Presidente del Reich se le concede, en el inciso 2, la facultad de tomar las medidas necesarias en pos del restablecimiento de la seguridad y el orden públicos; no se lo faculta, no obstante, a requerir el cumplimiento de deberes a un Estado Federado. Sin embargo, no se puede discutir, aun frente a la necesidad de la separación que se desprende, que estas disposiciones se suceden en el artículo de la Constitución del Reich, que tanto en el inciso 1 como en el 2 se confiere el derecho de actuación al Presidente del Reich, que conforme a ambos incisos el Presidente del Reich puede servirse de la colaboración de las Fuerzas Armadas, y que en el inciso 3 del artículo 48 se le conceden ciertos derechos al *Reichstag* que hacen referencia tanto a las medidas del inciso 1 como a las del 2. Del mismo modo, la necesidad de una separación de las disposiciones de los incisos 1 y 2 tampoco modifica en nada que en ocasiones, quizás incluso habitualmente, se presenten las condiciones de ambos incisos de forma simultánea. Seguramente el incumplimiento de deberes por parte de un Estado Federado pueda dar lugar a la perturbación o amenaza notable de la seguridad y el orden públicos; posiblemente el Presidente del Reich tomará lo más pronto posible la decisión de requerir a un Estado Federado el cumplimiento de sus deberes con la colaboración de las Fuerzas Armadas, amparándose en el artículo 48, inciso 1, en el caso de que el incumplimiento del deber conduzca a una perturbación o amenaza notable de la seguridad y el orden públicos. No obstante, de la posibilidad de una coincidencia tal en la presencia de las condiciones del inciso 1 con las del inciso 2 no puede derivarse una confusión conceptual de ambos preceptos y, sobre todo, no puede concluirse que el alcance de las facultades correspondientes al Presidente del Reich sea el mismo conforme a ambos incisos. La constatación de los requisitos del artículo 48, por lo tanto, deberá emprenderse de manera separada para cada uno de los dos primeros incisos.

El Tribunal Estatal opta por la negativa ante la cuestión de si el decreto del 20 de julio halla el sostén necesario en el inciso 1 del artículo 48. Asimismo, el Tribunal Estatal no comparte la interpretación de que se trate de una cuestión discrecional pura en el caso de los requisitos de este inciso (incumplimiento de los deberes de un Estado ante el Reich). Se trata de una percepción incompatible con el texto y la génesis de la disposición, y no concordaría con la posición jurídica de los Estados Federados dentro del Reich, tal como fuera regulada en la RVerf. La existencia de la situación de hecho estipulada en el artículo 48, inciso 1, del incumplimiento de deberes legales, se torna accesible en virtud del rasgo jurídico contenido allí de la comprobación judicial. La misma deberá llevarse a cabo en ambas direcciones ante la conexión interna inseparable de la cuestión de hecho y de derecho. La génesis de la disposición confirma esta interpretación. Aquí se consideran las declaraciones del ministro del Reich Dr. Preuss en la Comisión Constitucional de la Asamblea Nacional Constituyente de Alemania (Tomo 336 de las negociaciones, p. 288) que indicaban la falta de necesidad en la concesión de un derecho de aprobación al *Reichstag* para dar comienzo a la acción del Reich contra los Estados Federados *(Reichsexekution)*, debido a que el gobierno del Reich no podría dar ningún paso por el que deba responder ante el Tribunal Estatal. Actuaría "con la conciencia de ser responsable por sus actos jugándose su cabeza también ante los tribunales"[114]. Al considerar particularmente al juicio político conforme al artículo 59 de la RVERF en vistas de esta última afirmación, se evidencia que las condiciones de hecho y de derecho para que se haga lugar a la acción del Reich contra los Estados Federados *(Reichsexekution)* están sometidas a la comprobación del Tribunal Estatal según la interpretación de aquel entonces del gobierno del Reich. Por lo tanto, el que un Estado Federado haya cumplido con sus deberes ante el Reich o no es materia de decisión del Tribunal Estatal.

Las afirmaciones en las que el Reich funda su reclamo del incumplimiento de deberes refieren en parte a actos que no han sido llevados a cabo por los mandatarios responsables del poder del Estado Federado en Prusia, sino por personas de una jerarquía institucional inferior (el Secretario de Estado en el Ministerio del Interior de Prusia y el Jefe Superior de la Policía de Berlín). No es observable un incumplimiento en los deberes por parte del Estado Federado de Prusia en

---

114 Cita en alemán, "mit dem Bewußtsein, mit Kopf und Kragen auch bei den Gerichten für ihr Handeln verantwortlich zu sein" (n. del trad.).

tales actos. No obstante, bajo determinadas circunstancias, podría hablarse de este incumplimiento, por
ejemplo, si las autoridades superiores competentes
del Estado Federado no hubieran advertido conceptos
respectivos del Reich y no hubieran remediado la
situación conforme a sus deberes. Sin embargo, no
se hace mención a una circunstancia tal. Por lo tanto,
bajo estas circunstancias, no se precisa una ilustración
más detallada sobre los estímulos y deseos que ha
expresado el Secretario de Estado en su negociación
con los legisladores comunistas, y sobre cuyo contenido las partes se exponen contradictoriamente en el
punto fundamental.

Se desestiman otras alegaciones, debido a que no
entra en discusión un incumplimiento del deber ante
el Reich. Esto rige sobre todo para las exposiciones
acerca del comportamiento del *Landtag* de Prusia ante
la modificación de las disposiciones reglamentarias
referidas a la elección del Presidente del Gobierno
y sobre la omisión de la elección misma, y además
por la utilización de recursos del Estado Federado
para objetivos partidistas. En estos casos, se trata de
asuntos internos de Prusia. No existe aquí una violación al artículo 17 de la RVerf, debido a que no se
excluye la posibilidad de la existencia de gobiernos
provisionales previstos expresamente en el artículo
59, inciso 2, de la Constitución de Prusia y en otras
Constituciones Estatales.

Otro reclamo se basa en que el ministro del Interior
de Prusia, el Dr. Severing, habría combatido, en la
opinión pública, la política del gobierno del Reich,

de una manera contradictoria al deber de lealtad
de Prusia frente al Reich. Se debe conceder que en
tiempos de máxima tensión política, sería posible que
se configure una violación al deber de lealtad, bajo
determinadas circunstancias, en ataques públicos
particularmente mordaces de los ministros de un
Estado Federado contra la política del Reich. La posibilidad de divisar un incumplimiento en los deberes
por parte del Estado Federado ante tales ataques se
descarta, no sin más, debido a que el ministro actúa
como particular o como miembro de un Partido, pero
no en su carácter oficial. Sin embargo, la evaluación
de las declaraciones del ministro Dr. Severing, aun
realizándola bajo consideración de la situación general
del momento, arroja que las mismas no exceden tan
ampliamente los límites de la discreción solicitada
como para ver en ellas un incumplimiento de los
deberes del Estado Federado frente al Reich.

Conforme a esto, para dar sostén a la afirmación
del incumplimiento de los deberes, queda solamente
una alegación que ha sido la más acentuada por el
Reich: al Gobierno de Prusia le habría faltado la energía
necesaria para combatir al movimiento comunista. En
la audiencia oral, se ha explicado que esta afirmación
contiene dos reclamos en sí misma.

En primer lugar, al Presidente del Gobierno y al
Ministro del Interior de Prusia, como miembros del
Partido Socialdemócrata, les habría faltado la libertad
interna necesaria para combatir a los comunistas,
debido a las alianzas de militantes comunistas y socialdemócratas que, necesariamente, les quitaban

poder de acción en ese sentido. No obstante, deberían haber tenido en cuenta que era previsible que
los comunistas, en vistas a estas alianzas informales,
contaban con que un gobierno con fuerte tono socialdemócrata no haría nunca uso de medidas de fuerza
extremas contra ellos.

No surge apoyo suficiente para ninguna de las
afirmaciones aducidas para justificar en particular
estos reclamos. Sobre todo los dichos de funcionarios
de la administración estatal de Prusia aportados por
el Reich no ofrecen ningún indicio para asumir que al
Ministro del Interior de Prusia realmente le ha faltado
el poder de acción necesario contra los comunistas.
En tanto estos dichos contienen datos determinados
y no relatan solamente impresiones y afirmaciones
generales, de ellos no puede deducirse otra cosa que
el Ministro del Interior de Prusia, en ocasiones, no
habría observado sugerencias para tomar ciertas
medidas contra los comunistas. Sin embargo, ha quedado abierta la cuestión decisiva de si su conducta
no ha sido producto de consideraciones pertinentes
y justificadas en la situación política respectiva. Solamente se podría hablar de un incumplimiento del
deber ante el Reich, si se pudiera negar esto y si se
pudiera divisar el motivo decisivo en una falta de
libertad interna, en una debilidad frente a los comunistas. La declaración del ministro Severing, emitida
según las averiguaciones del Comisario del Reich en
referencia a los acontecimientos en Altona, del 17 de
julio de 1932, de que "si fuera libre relevaría de sus
cargos tanto al jefe superior de Policía Eggerstedt

como al presidente del Gobierno Abegg", no refleja
una dependencia de los comunistas. Más bien indica-
ría, como máximo, que el ministro, en virtud de que
debía tomar en consideración la política del Gobierno
del Reich, no habría podido intervenir con la firmeza
que él hubiera estimado conveniente frente a estos
funcionarios, que a través de una condescendencia
enorme para con los nacionalsocialistas han posibi-
litado su traslado y, de este modo, habrían causado
los desmanes comunistas.

Conforme a esto, el Decreto del 20 de julio de 1932
no puede basarse en el artículo 48, inciso 1, de la RVerf.
Con esto se torna superflua la toma de posición del
Tribunal Estatal en la presente contienda respecto de
la cuestión de qué facultades tendría el Presidente del
Reich conforme al inciso 1, y si se deberían observar, y
en qué medida, ciertas formas ante un procedimiento,
en razón de este precepto.

Para el caso en que la seguridad y el orden públicos del Reich se vean notoriamente perturbados
o en peligro, el inciso 2 del artículo 48 de la RVerf
concede al Presidente del Reich el derecho a tomar
las medidas necesarias para el restablecimiento del
orden y, en caso de que sea necesario, intervenir con
el auxilio de las Fuerzas Armadas. Al mismo tiempo,
le otorga la facultad de suspender determinados
derechos fundamentales, en vistas de este objetivo.

El Tribunal Estatal aún no ha tomado una posición respecto de la cuestión de si debiera confirmar
la existencia de los requisitos del artículo 48, inciso
2, de la RVerf en el litigio o si debiera tomar como

base para su decisión la interpretación del Presidente del Reich. En el presente caso, no se precisa aún una toma de posición respecto de esta cuestión. Pues es notorio que el Decreto del 20 de julio de 1932 se ha promulgado en un tiempo de perturbación y peligro graves para la seguridad y el orden públicos. En ese momento, partidos políticos de importancia se encontraban en enemistad encarnizada y dispuestos a luchar los unos contra los otros. Las enemistades se descargaban prácticamente a diario en altercados sanguinarios que se cobraban la vida de numerosas personas. Al mismo tiempo, existía el riesgo concreto de que la tensión política interna aumentara aún más y se tornará en una amenaza para los principios de nuestra vida constitucional. Por lo tanto, las condiciones para una intromisión conforme al artículo 48, inciso 2, estaban presentes sin más. Asimismo, del tamaño del peligro se desprende que el Presidente del Reich tenía el derecho y la obligación de utilizar todos los medios que le parecieran adecuados para el restablecimiento de la seguridad y el orden públicos, en tanto fueran compatibles con la Constitución del Reich. El Presidente del Reich pudo haber llegado a la conclusión, en ese contexto y conforme a la discreción obligada, de que sería conveniente poner en manos del Reich, no solo las medidas de fuerza policiales de Prusia, sino también todas las medidas de fuerza del Reich y de Prusia en una sola mano y dirigir la política de ambos por carriles uniformes. A este respecto, no cambiaría nada el que fuera correcta la afirmación de Prusia de que la situación de riesgo, al menos en parte, se debiera a las propias acciones del Gobierno del Reich.

A partir de esta comprobación, se resuelve la objeción de Prusia de que el Decreto del 20 de julio de 1932 contendría una desviación del poder discrecional o un exceso de él. Solamente se podría hablar de una desviación del poder discrecional si se probara que el Presidente del Reich no hubiese promulgado el decreto a los fines del restablecimiento de la seguridad y el orden públicos, sino a otros que no estén contenidos en el artículo 48, inciso 2. En tanto las afirmaciones que iban en ese sentido y cuya prueba se ha dado pueden entenderse en el sentido de que el Canciller del Reich, en persona o en su nombre, ha realizado declaraciones nacionalsocialistas, son refutadas por las manifestaciones presentadas por él mismo a este respecto y por el representante procesal del Gobierno del Reich en la audiencia oral. Por lo demás, no son procedentes. Aun cuando existieran negociaciones y acuerdos con el líder del Partido Nacionalsocialista Obrero Alemán anteriores al decreto del 20 de julio, y aún si en estas negociaciones se hubieren prometido modificaciones de las relaciones oficiales del personal en Prusia y la designación de un nuevo Presidente del Gobierno o un Comisario del Reich para Prusia, no se podría deducir de esto que las medidas del decreto se hayan tomado para otros fines que no sean el restablecimiento de la seguridad y el orden públicos. Si estas afirmaciones fueran correctas, podría desprenderse de ellas, como máximo, que las ideas surgidas en las negociaciones acerca de la situación política riesgosa habrían contribuido a procurar la convicción en el Gobierno del Reich de que sería conveniente una intervención en razón del artículo 48, inciso 2. También la constatación de que en otros Estados Federados se habrían presentado los mismos o similares disturbios que en Prusia y que el Presidente del Reich, de todos modos, habría limitado su intervención a Prusia no es adecuada para constatar una desviación en la facultad discrecional del Presidente, porque los motivos fundados más diversos podrían habilitar una intervención en la región de un Estado Federado, pero no en la de otro, ante una situación que se corresponda con el artículo 48, inciso 2.

Se plantearía un exceso de la facultad discrecional, en tanto se desprendiese que en virtud del Decreto del 20 de julio de 1932 se hubieren tomado medidas que excedieran manifiestamente lo necesario para lograr el restablecimiento de la seguridad y el orden públicos. Se carece de sostén para una suposición tal. Sobre todo no es perceptible un exceso en la facultad discrecional en cuanto el decreto ha autorizado la intervención del Comisario del Reich no solo ante el Presidente del Gobierno y el Ministro del Interior de Prusia, sino también frente a todos los otros ministros del Estado Federado. Tal como se ha hecho mención anteriormente, el Tribunal Estatal parte de la base de que el Presidente del Reich ha considerado conveniente, y que en vistas de la riesgosa situación política excepcional pudo haber considerado conveniente, reunir en una mano las fuerzas del Reich y del Estado Federado alemán más grande y ajustar, en la medida de las posibilidades, la política de Estado Federado de Prusia a la política del Reich. En miras a este objetivo, también pudo haber parecido necesaria, sin excederse en la facultad discrecional obligada, la inclusión de las competencias de los ministros, cuyas tareas no estén comprendidas directamente en el terreno de la política general o del mantenimiento del orden policial. No obstante, la cuestión de si el Comisario del Reich ha procedido de manera adecuada con sus medidas ante estos otros ministros no debe ser comprobada por el Tribunal Estatal. Hasta tanto la autorización otorgada al Comisario del Reich se encuentre en armonía con la Constitución del Reich, estaba legitimado para hacer uso de esta autorización, conforme a su facultad discrecional. Acerca de cómo haya hecho uso de su autorización dentro de sus límites, solo deberá rendir cuentas ante el Presidente del Reich. Por lo tanto, las medidas del Comisario del Reich solo podrían ser materia de decisión del Tribunal Estatal, en tanto se planteara el exceso en los límites de la autorización que le fuere otorgada.

Las medidas del artículo 48, inciso 2, no deben corresponderse simplemente con el objetivo del restablecimiento de la seguridad y el orden públicos, sino que también deben mantenerse dentro de los límites que se desprenden de la relación del precepto con las otras disposiciones de la Constitución del Reich. El Tribunal Estatal, en su jurisprudencia, hasta el momento se ha mostrado constantemente a favor de la idea de que el Presidente del Reich, a excepción de la facultad a él conferida de la suspensión provisional de siete derechos fundamentales, se encuentra sujeto a todas las disposiciones de la Constitución del Reich que no solamente delimitan las competencias del Reich frente a los Estados Federados o las competencias de los distintos órganos del Reich entre ellos (RGZ. Bd. 134 Anex. p. 26 [43] — Bumke, Dec. seleccionada 5° Libro, p. 5 [22]; RGZ. Bd. 135 Anex. p. 30 [38]). Hay que aferrarse a este concepto jurídico que ha sido significado reiteradas veces por el Gobierno del Reich (véanse particularmente las declaraciones del ministro de Justicia del Reich SCHIFFER en la sesión de la Asamblea Nacional del 3 de marzo de 1920, Bd. 332 de las negociaciones, p. 4636) y que mayoritariamente se comparte en la bibliografía. Conforme a esto, el contenido del decreto impugnado es admisible conforme a la Constitución, en tanto se pueda interpretar como un simple desplazamiento de competencias, como una transmisión de asuntos y facultades desde el Gobierno del Estado Federado a un órgano del Reich. Por el contrario, el contenido no es compatible con la Constitución del Reich, en tanto se intervenga en otros preceptos de la Constitución del Reich mediante el decreto.

Las disposiciones sobre la posición de los Estados Federados dentro del Reich y sobre la estructura de los mismos, sobre todo los artículos 17, 60 y 63 de la RVERF, pertenecen a los preceptos constitucionales que no contienen simples delimitaciones de competencias. El artículo 17 de la RVERF prescribe que todos los Estados Federados deben tener una Constitución. Garantiza a cada Estado Federado la existencia de un

Gobierno desprendido del mismo Estado Federado, nacido en él, que dependa de la confianza del Parlamento. No se puede colocar otro órgano en el lugar de ese Gobierno, aun si fuera de tipo provisional. Si se despoja de sus funciones a los miembros de ese Gobierno de manera permanente o temporal o también si solamente se evita de hecho por completo el ejercicio de sus funciones, entonces se le estaría quitando al Estado Federado lo que el artículo 17 le garantiza. En este punto, no hace ninguna diferencia respecto de que se trate de un Gobierno aún pleno en sentido político o de un Gobierno provisional. También es aplicable a un Gobierno provisional el rasgo distintivo para un Gobierno de Estado Federado en el sentido señalado, de que su comienzo se deba a un acto de confianza realizado por el *Landtag* como representante del pueblo, al menos ante el Presidente del Gobierno. Una autoridad que básicamente, y desde un comienzo, no precise de la confianza del Parlamento y no haga uso de ella no puede tornarse en Gobierno de Estado Federado en el sentido del artículo 17, ni siquiera haciéndolo de manera temporal.

El artículo 63 determina que los Estados Federados deben ser representados por miembros de sus gobiernos en el *Reichsrat*. Este precepto es de máxima importancia para ellos, ya que la influencia de los Estados Federados en la legislación y administración del Reich, conforme al artículo 60, se ejerce a través del *Reichsrat*. Quitar la representación a un Estado Federado en virtud del artículo 48, inciso 2, y transferirla a un Comisario del Reich, significa un perjuicio

fundamental a la posición del Estado Federado dentro
del Reich y una modificación de la composición del
Reichsrat que va en contra de su esencia. La institución
del *Reichsrat*, a partir de su composición y sus tareas,
tiene como objetivo lograr una garantía de que se
tomen en consideración los intereses particulares de
los Estados Federados individuales junto con aquellos debidos al Reich. Esto debe lograrse mediante
la emisión de votos llevada a cabo por los gobiernos
de los Estados Federados independientes del poder
del Reich. Los Comisarios del Reich son órganos
del Reich y, como tales, dependen de su poder. Por
lo tanto, no tienen la potestad para representar a un
Estado Federado en el *Reichsrat*.

Conforme a esto, no puede concebirse, ni siquiera
de manera provisional, la designación de un Comisario
del Reich como Gobierno de Estado Federado y despojar de sus cargos a los ministros electos conforme
a la Constitución.

La práctica hasta este momento no se opone a esta
concepción. Si bien en algunos casos se han publicado
decretos del Presidente del Reich que tenían como fin
la destitución de un Gobierno de Estado Federado
y que hacían referencia al artículo 48, inciso 2, de la
RVerf en su título (Decreto del 22 de marzo de 1920
acerca del restablecimiento de la seguridad y el orden
públicos en los Estados Individuales de Turingia, RGBL.
p. 343, y Decreto del 29 de octubre de 1923 acerca
de las medidas necesarias para el restablecimiento
de la seguridad y el orden públicos en la región del
Estado Libre de Sajonia, RGBL I p. 995). En el texto de

los decretos, no obstante, no se ha hecho referencia al contenido completo del artículo 48, y en ambos casos estaban dadas de hecho las condiciones del artículo 48, inciso 1. Mismo en la bibliografía, estos decretos se consideran mayormente como medidas conformes al artículo 48, inciso 1.

No obstante, el Decreto del 20 de Julio de 1932 se puede justificar bajo el punto de vista del desplazamiento de competencias dentro de los límites que se desprenden de este concepto. Las facultades de los ministros de Prusia en los asuntos del Estado Federado podían separarse provisionalmente del poder Estatal, dejando a los ministros actuales en sus puestos, y sí podían transferirse al Comisario del Reich, como órgano del Reich. Un desplazamiento tal de la competencia se lleva a cabo en todo lugar donde un Comisario del Reich sea designado en virtud del artículo 48, inciso 2, para el ejercicio de ciertas facultades que, en sí, corresponden al Estado Federado. El texto del decreto tampoco excluye su interpretación en el sentido de un desplazamiento de competencias tal.

No obstante, la separación de competencias del Gobierno del Estado Federado y su transmisión a un órgano del Reich halla su límite en que el Gobierno del Estado Federado debe conservar las facultades que, conforme a lo dicho recientemente, son esenciales e imprescindibles para el mantenimiento de su independencia y su posición jurídica dentro del Reich. Por lo tanto, el Gobierno del Estado Federado, conforme a la Constitución, debe permanecer en existencia como órgano de la voluntad del Estado Federado y debe dejársele su representación ante el Reich, sobre todo en el *Reichsrat* y el *Reichstag* (art. 33), así como frente a otros Estados Federados. Tampoco pueden quitársele a los gobiernos de los Estados Federados los derechos y obligaciones constitucionales frente a los otros órganos superiores de los Estados Federados (*Landtag* y Consejo de Estado).

El Tribunal Estatal no ignora que la separación que se desprende de esto pueda complicar el alcance del objetivo del decreto y decantar en fricciones entre el Comisario del Reich y los ministros de Prusia.

No obstante, considerar esto no puede provocar que se hagan a un lado los derechos constitucionales de los Estados Federados. En toda intervención dictatorial surge el riesgo de fricciones entre el Comisario del Reich y el Gobierno del Estado Federado. La tarea de ambas autoridades es superar estos inconvenientes mediante una cooperación conciliadora en pos del bienestar del Estado Federado y del Reich. En tanto un Gobierno de Estado Federado debiera conducir los asuntos en los sectores que quedaron para él de un modo tal que se pueda divisar un incumplimiento del deber ante el Reich, el Presidente del Reich podría emprender intervenciones ulteriores en los derechos del Estado Federado, en virtud del artículo 48, inciso 1. Por lo demás, toda otra solución debatida en el proceso acarrearía severos inconvenientes. El silenciamiento de los votos de Prusia en el *Reichsrat* tornaría incapaz de actuar a uno de los órganos más importantes del Reich. Una transmisión del derecho de voto al Comisario del Reich perjudicaría la posición de los demás Estados Federados frente al Reich en lo más profundo, aun cuando se la quisiera considerar admisible constitucionalmente, en contraste con la interpretación del Tribunal Estatal. Por lo demás, queda en manos del *Landtag* de Prusia intentar darle un fin al estado actual de cosas mediante la conformación de un nuevo Gobierno en Prusia.

Si conforme a esto se debió dejar el ejercicio del derecho a voto en el *Reichsrat* al Gobierno del Estado Federado de Prusia, consecuentemente tampoco se le podría quitar la facultad en el futuro de instruir para el ejercicio del derecho a voto a los apoderados existentes. Al Comisario del Reich no se le podría transferir ni esta facultad, ni el derecho de jubilar temporalmente a los apoderados hasta ese momento en la oficina central o designar nuevos apoderados para el *Reichsrat*.

En contraposición a esto, por lo demás no puede deducirse reparo justificado de la Constitución del Reich contra la dotación del Comisario del Reich con la facultad de jubilar temporalmente, designar, ascender, jubilar o despedir funcionarios. La transmisión de esta facultad al Comisario del Reich se encuentra dentro del marco del desplazamiento de competencias permitido al Presidente del Reich conforme al artículo 48, inciso 2. El artículo 5 de la RVERF, en el que se basa esta facultad del Gobierno del Estado Federado, es una norma de competencia en el sentido expuesto anteriormente. No se desprende de la Constitución del Reich que la resolución de estos asuntos deba dejarse en manos de los Estados Federados como una parte esencial de su autonomía ante la aplicación del artículo 48, inciso 2. El artículo 129, inciso 1, oración 3, de la RVerf no se opone a esta interpretación. Los funcionarios solo pueden requerir que las autoridades competentes, a partir de ese momento, salvaguarden las formas y condiciones determinadas legalmente para la destitución provisional del cargo.

Si se continúa refutando la facultad de aceptar empréstitos a cuenta del Estado Federado por parte del Comisario del Reich, esta cuestión se resolverá haciendo uso del artículo 65 de la Constitución de Prusia, que esboza que la provisión de recursos financieros mediante crédito solo puede llevarse a cabo a través de una ley, es decir, que requiere el consentimiento del *Landtag*.

De todas estas consideraciones se desprende que el Decreto del 20 de julio de 1932 es compatible con la Constitución del Reich, en tanto separe las facultades ministeriales en asuntos del Estado Federado de Prusia del círculo de los negocios del Estado Federado y le transmita al Comisario del Reich que esta transferencia de facultades no incluye la representación en el *Reichsrat* y el *Reichstag*, así como otra representación del Estado Federado ante el Reich y frente a otros Estados Federados, así como las facultades e incumbencias del Gobierno del Estado Federado ante el *Landtag* y el Consejo de Ministros.

(Firmado) Bumke. Triebei. Schmitz. Schwalb. Von Müller. Gümbel. Striegler.

¿HA PROCEDIDO EL REICH CONSTITUCIONALMENTE?

HERMANN HELLER

¿HA PROCEDIDO EL REICH
CONSTITUCIONALMENTE?[115]

Hermann Heller

El decreto del Presidente del Reich promulgado el 20 de julio concerniente al restablecimiento de la seguridad y el orden públicos en el Estado Federado de Prusia[116], en contraposición con el texto de su preámbulo, refiere tanto al artículo 48, inciso 2, como al artículo 48, inciso 1, de la Constitución de Weimar.

Que el Presidente del Reich goza de facultades para nombrar al Canciller del Reich Comisario del Reich para Prusia durante el plazo de vigencia de este decreto (§1, oración 1), en tanto éste sea constitucional, es constitucionalmente irrefutable. En este sentido, no se niega prácticamente nada de lo que CARL SCHMITT y VON DRYANDER han expuesto en el *Deutsche Juristenzeitung*[117] en referencia a la presente cuestión.

---

115 "Ist das Reich verfassungsmäßig vorgegangen?". Artículo publicado por primera vez en el periódico *Frankfurter Zeitung*, año 77, n.° 591/592, agosto 10, 1932, edición vespertina, primera de la mañana, pp. 1-2.
116 Boletín oficial del Reich, 1932, p. 377.
117 CARL SCHMITT, "Die Verfassungsmäßigkeit der Bestellung eines

Sin embargo, el contenido puesto en tela de juicio no ha sido expuesto por ellos: lo problemático es, en primer lugar, si dicho decreto se corresponde con los requisitos previos exigidos constitucionalmente y si ordena los medios requeridos por la Constitución.

Ante todo, no es posible sostener, desde el punto de vista jurídico, que en ejercicio de los poderes plenos que otorga el artículo 48 "se deba proporcionar una libertad ilimitada de acción"[118] al Presidente del Reich, dado que una competencia ilimitada representaría una *contradictio in adjecto*. En caso de conflicto, la presunción es, en tanto el Reich exista, sólo por la "competencia" del Presidente que dicta la medida[119]. También es válida la presunción de la legitimidad de los actos de los órganos estatalessuperiores, solo en tanto "nadie pronuncie objeciones en contra de un acto de estos órganos por protesta de legitimados o declare cierto acto como ineficaz"[120]. Por consiguiente, la discusión acerca de la legitimidad de la presunción es una cuestión refutable en todo momento y comprobable por parte del Tribunal Estatal.

Reichskommissars für das Land Preußen", en el *Deutsche Juristenzeitung*, 37, 1932, pp. 953-958; ver. Dryander, "Zum Verhältnis von Reichs- und Ländergewalt", en el mismo medio de publicación, pp. 958-968.

118 Dryander, mismo medio de publicación, p. 963.
119 Schmitt, mismo medio de publicación, p. 958, hincapié hecho por Heller.
120 Georg Jellinek, *Allgemeine Staatslehre*, 3.ª ed., Berlín, 1914, p. 18.

Que el Tribunal Estatal esté facultado y obligado a verificar si están dados los requisitos previos para un decreto de urgencia del Presidente del Reich y si las medidas dispuestas son las necesaria, ha sido recientemente afirmado por el mismo tribunal[121].

El requisito previo para la puesta en práctica de la *Reichsexekution* (artículo 48, inciso 1) sería que el Estado Federado de Prusia "no cumpla con los deberes que le competen de acuerdo con la Constitución", lo cual es una pregunta jurídica. La condición previa para la toma de medidas correspondientes al estado de excepción (artículo 48, inciso 2) es que dentro de la región del Estado Federado de Prusia, "la seguridad y el orden públicos se encuentren alterados o en peligro". En tal sentido, si esta condición efectivamente se ha cumplido, es como mínimo una cuestión jurídica, en tanto se deba verificar si ha tenido lugar un eventual abuso de poder discrecional o un exceso de este poder por parte del Tribunal Estatal. El incumplimiento de deberes al que hace referencia el artículo 48, en su inciso 1, concierne en forma exclusiva a los deberes atribuidos al Estado Federado y no a titulares de órganos como personas privadas. Que exista un incumplimiento en el deber por parte del Estado Federado frente al Reich, no ha sido una cuestión que el Gobierno del Reich haya fundamentado convincentemente hasta

---

121 Fallo del Tribunal Estatal, 5 de diciembre de 1931, en el RGZ Fallos del Juzgado Civil del Reich (Anexo), pp. 27 y ss. (44) (n. del trad.).

el momento. De hecho, hasta ahora al Gobierno del
Reich no le ha parecido necesario indicar los hechos
que habrían justificado un incumplimiento tal del
deber. En la audiencia frente al Tribunal Estatal del
23 de julio, recién en vista al juicio oral, se ha llegado al compromiso de la puesta a disposición de las
pruebas. El Gobierno del Reich no puede alegar al
respecto que el Gobierno de Prusia se haya quedado
en la administración gracias a la modificación del
reglamento del *Landtag* del 12 de abril. Aquí se habla
con CARL SCHMITT de un "defecto"[122] del Gobierno, lo
que puede ser condenado desde un punto de vista
estético o moral, pero de seguro no desde un punto
de vista jurídico.[123]. No obstante, SCHMITT ha omitido
por sobre todas las cosas que el nuevo *Landtag*, en su
quinta reunión, con fecha del 3 de junio, ha *rechazado*
en votación nominal la modificación del nuevo reglamento, por lo que lo ha *confirmado* en forma implícita.

La elección de los medios a aplicar contra el Estado
Federado culpable de un incumplimiento de debe,
queda, sin duda, sujeta a la discreción de la instancia
de ejecución. No obstante, incurrirá en un exceso en su
poder discrecional, si no aplica los medios necesarios
y opta por *medidas desmesuradas*. En el presente caso,
los medios correspondientes podrían hallarse en el

---

122 SCHMITT, mismo medio de publicación, p. 957.
123 GRAF WESTARP, "Zur Wahl des preußischen Ministerpräsiden-
ten", en el *Deutsche Juristenzeitung*, 37, 1932, p. 574; BRAATZ,
"Das Geschäftsministerium in Preußen", mismo medio de
publicación, p. 978.

artículo 15 de la Constitución del Reich. Solamente una "reclamación por defectos" sin éxito y un incumplimiento grave de un deber por parte de Prusia habrían podido justificar la medida de la *Reichsexekution*. A estos efectos, no se podrá hablar de un eventual "peligro en la demora", dado que existiría el tiempo suficiente para un reclamo formal o informal, sea cual fuere el caso, por efectuar en la misma ciudad. En virtud de que no ha tenido lugar una audiencia del Gobierno de Prusia y el órgano superior ha aplicado medios que socavan por completo y sin necesidad alguna la autoridad del Gobierno de Prusia, no cabe ninguna duda de que estamos frente a lo que Smend[124] llama un "abuso de las formas" que deberá verificar el Tribunal Estatal. Asimismo, el artículo 48, inciso 1, en todo caso permite una *intervención* militar contra los órganos estatales competentes de Prusia, para que cumplan con los deberes incumplidos, pero nunca justificaría una *revocación inmediata de los cargos* de los ministros. Recién cuando esta intervención resultara infructuosa o los órganos realmente fracasaren, sería admisible una "ejecución subsidiaria" por parte de los órganos del Reich.

Si existen una alteración o un riesgo importante para la seguridad y el orden públicos dentro de la región del Estado Federado de Prusia que justifiquen las medidas del artículo 48, inciso 2, es algo que también

---

124 Rudolf Smend, *Verfassung und Verfassungsrecht*, Múnich, 1928, p. 105.

deberá decidir la instancia de ejecución, conforme a su libre discreción, pero atendiendo siempre a sus obligaciones. Asimismo, el Tribunal Estatal será el encargado de verificar que las condiciones reales estén dadas, así como que no se presenten eventuales excesos o abusos en el poder discrecional.

En cuanto al estado material de las cosas, las medidas aplicadas en la región de Prusia resultantes del artículo 48, inciso 2, solo serán constitucionales, en tanto, en primer lugar, la magnitud de la alteración o el peligro para la seguridad y el orden públicos fuera *más importante* que en los otros Estados Federados, teniendo en cuenta la extensión y el nivel de industrialización de Prusia. De no ser este el caso, lo que desde mi perspectiva no lo es, un proceder unilateral contra y dentro de Prusia no solo incumpliría el deber de una conducta de respeto a nivel federal, sino también violaría el principio de igualdad federal.[125]. No obstante, el procedimiento basado en el artículo 48, inciso 2, de la Constitución del Reich, tendría como segundo requisito previo, que el Gobierno de Prusia no hubiere podido o no hubiese querido proteger la seguridad y el orden públicos alterados o en riesgo de manera constante desde los comienzos de la guerra, a través de los medios que tenía a disposición. Sin embargo, las agitaciones, cada vez más fuertes en

---

125 GERHARD LEIBHOLZ, *Die Gleichheit vor dem Gesetz*, Berlín, 1925 (Öffentlich-rechtliche Abhandlungen, H.6), pp. 143 y ss.; SMEND, mismo medio de publicación, p. 169.

el último tiempo, no han aumentado debido a una acción u omisión de las autoridades de Prusia, sino gracias al levantamiento de la prohibición del uso de uniformes y de la realización de manifestaciones, es decir, gracias a una medida tomada por el Gobierno del Reich. Si bien se ha afirmado que las autoridades de Prusia no han estado a la altura de las circunstancias, hasta el momento nada de eso se ha comprobado. La falta de fundamento en la afirmación del Gobierno del Reich se torna visible en el hecho de que desde la imposición del Comisario del Reich, la alteración de la seguridad y el orden públicos (¡En Prusia del Este!) ha *aumentado* en forma considerable.

Aun cuando se haya cumplido con los requisitos previos (algo que para mí no se cumple), las *medidas* tomadas deberían ser caracterizadas como un exceso del poder discrecional, dado que el artículo 48, inciso 2, contiene una clara limitación jurídica de las medidas admisibles en estados excepcionales. Las mismas resultan de que:

1. solo se pueden aplicar las medidas "necesarias",

2. no se puede infringir el así llamado "mínimo organizativo" de la Constitución,

3. los derechos fundamentales por suspender no se enumeran en forma ejemplificativa, sino taxativa, por lo que no se puede derogar ningún otro derecho fundamental.

De la esencia del estado de excepción resulta que las medidas "necesarias" a las que se hace referencia *no pueden adoptarse de manera permanente*. En caso de que se hubieren cumplido los requisitos previos estipulados por el artículo 48, el Comisario del Reich podría *obstaculizar* las tareas del Gobierno, así como de los funcionarios, en forma provisional y solo dentro de los ámbitos necesarios para cumplir con el objetivo de su nombramiento. Sin embargo, no podría dejar sin efecto sus tareas sin una urgencia concreta, así como bajo ningún punto de vista podría *destituirlos* definitivamente de sus cargos.

Se ha incumplido con el mínimo organizativo de la Constitución del Reich al haber prestado juramento a los funcionarios encargados de la dirección de los ministerios de Prusia como ministros y al haber cesado en su cargo a los representantes de Prusia en el *Reichsrat*. A través de la destitución de los ministros de Prusia, que son *funcionarios* en contraposición a los ministros del Reich, se ha infringido finalmente el artículo 129 de la Constitución de Weimar. Pero además, es completamente injustificada su destitución, por no haberse realizado una invitación a la reunión de ministerios del Estado, de acuerdo a lo establecido en la Constitución.

Por lo tanto, debe decirse, en síntesis, que el nombramiento del Comisario del Reich solo habría sido constitucional, si los requisitos previos de hecho y de derecho del artículo 48, incisos 1 y 2, hubieran estado dados (una suposición *incorrecta* de acuerdo con el material proporcionado hasta aquí). Sin embargo, contra la forma de proceder del Comisario del Reich, se debe manifestar la más seria preocupación acerca de un *exceso en el poder discrecional*. Sea lo que fuere lo que el Gobierno del Reich haya tenido como objetivo político con su proceder, jurídicamente no puede denominarse de otra manera que no sea con la expresión de "abuso de las formas".

DISCURSO DE CLAUSURA
ANTE EL TRIBUNAL ESTATAL EN LEIPZIG

CARL SCHMITT

DISCURSO DE CLAUSURA
ANTE EL TRIBUNAL ESTATAL EN LEIPZIG[*]

CARL SCHMITT

En un proceso ante el Tribunal Estatal, las "formalidades" de las que hablamos no son simples formalismos,
sino cosas políticas muy reales. Las preguntas ¿qué
es Prusia?, ¿quién representa al Estado Federado de

[*] Discurso dado el 17 de octubre de 1932 frente al Tribunal
Estatal en Leipzig como representante del Gobierno del Reich
en el proceso que iniciaron los ministros prusianos BRAUN-
SEVERING-HIRTSIEFER del gobierno depuesto el 20 de julio de
1932 y las facciones del Zentrum y la Socialdemocracia del
Landtag prusiano, así como también los Estados Federados
de Baviera y Baden contra el Gobierno del Reich. La sentencia
del Tribunal Estatal del 25 de octubre de 1932 fue impresa en
la colección de resoluciones del Tribunal del Reich en lo Civil,
t. 138, apéndice 1-43, y en la colección Lammers-Simons, t. V
(1933), pp. 24, 30 y ss. Un informe taquigráfico del juicio oral
ante el Tribunal Estatal en Leipzig, del 10 al 14 y del 17 de
octubre de 1932 fue publicado con el título "Preußen contra
Reich vor dem Staatsgerichtshof" [Prusia contra Reich ante el
Tribunal Estatal] en la editorial Verlag J.H.W. Dietz, Berlín. En
ese informe taquigráfico está publicado mi discurso de clausura en las pp. 466-469. Hay que observar que tanto yo, como
los demás representantes y empleados del gobierno del Reich
en este proceso, en acuerdo con el gobierno del Reich, hemos
rechazado revisar la corrección de este informe taquigráfico, por

Prusia?, ¿dónde se encuentra Prusia hoy en día? son preguntas reales y eminentemente políticas. Por este motivo, en asuntos como la capacidad de ser parte, el derecho de gestión procesal, la legitimación activa, el proceso llegó a su punto más álgido. No fue por mala voluntad o algo similar, sino como quien dice, por la naturaleza de las cosas, que precisamente en la cuestión de las formalidades, se generaron repentinamente los más fuertes contrapuntos.

Según el artículo 19 de la Constitución del Reich Alemán, entre los tres tipos de procesos allí mencionados y admitidos en el Tribunal Estatal, existe solo un tipo en el que aparece el Reich: el proceso entre este y un Estado Federado. Un Estado Federado demanda al Reich o el Reich demanda a un Estado Federado: dos "Estados", como ha dicho muy bien el colega NAWIASKY. Sin embargo, de esto no puede concluirse,

---

lo que ciertas inexactitudes inevitables no están corregidas. Sin embargo, el informe contiene una reproducción básicamente correcta de mi discurso de clausura.

A este discurso de clausura se refiere la observación hecha por ERNST RUDOLF HUBER en su excelente ensayo (o tratado) de justa fama "Reichsgewalt und Staatsgerichtshof" Oldenburg (Stalling) 1932, pp. 71-72. Sobre el problema del "Preußenschlag" del 20 de julio de 1932, me expresé en trabajos en: *Deutsche Juristen-Zeitung*, "Die Verfassungsmässigkeit der Einsetzung eines Reichskommissars für das Land Preussen", 1932, cuaderno 15, pp. 953-958; "Münchner Neueste Nachrichten", n.° 205 del 29 de julio de 1932, "Staat, Bewegung, Volk", Hamburgo, 1933, p. 31; "Staatsgefüge und Zusammenbruch des Zweiten Reichs", Hamburgo, 1934, pp. 47-49. Por lo demás, véase la presente colección n.° 21.

como él lo ha hecho, que el Tribunal Estatal sea un "Tribunal de Justicia Internacional". Incluso habló del así llamado Tribunal Mundial, una denominación algo exagerada para la conocida institución de La Haya. Este tribunal internacional permanente otorga particular peso a lo reconocido en su estatuto y a lo expresado en una serie de resoluciones, y es que ante él solo se presentan los Estados como tales. Aquí, en cambio, aparecen incluso bancadas del *Landtag* caminando de la mano con el Estado Federado de Baviera y el de Baden (Von Jan: ¡Terrible!). Hay ahí una gran confusión y desacuerdo.

Naturalmente, la pregunta más importante del proceso se refiere al Estado Federado de Prusia. Prusia no desapareció, aún existe. También tiene un gobierno, un gobierno comisarial instaurado por el Presidente del Reich en el uso de una facultad concedida por la Constitución. Este gobierno del Estado Federado de Prusia tiene la atribución de representarlo. Si se trata de un gobierno de un Estado Federado instaurado conforme a la Constitución, queda contestada la pregunta acerca de su *facultad de representación*. Es jurídicamente preciso, correcto e impecable lo que expresó el colega Jacobi: sólo en virtud de una ficción posible y admisible por razones de técnica procesal aparecen aquí los ministros removidos de sus cargos, solo en virtud de una ficción de su facultad de representación ad hoc y para este caso. Contra lo que expresó el colega Bilfinger, en mi opinión con derecho, y yo comparto el afecto que lo movió, en escritos y declaraciones se quiere extraer

continuamente de aquella ficción conclusiones para
el asunto principal y se intenta decir: si se deja valer
que podemos litigar, es porque reconocen que tenemos la facultad de representar al Estado Federado de
Prusia, que todavía formamos parte del *Reichsrat* y
que tenemos otras facultades. El colega Bilfinger se
opuso únicamente a esto. Pero la pregunta por plantear es: ¿es constitucional o no el gobierno del Estado
Federado ejercido por comisarios e instaurado por el
presidente del Reich basándose en el artículo 48 de la
Constitución del Reich? Si es constitucional, cualquier
facultad de representación ligada al anterior cargo de
los ministros removidos finalizó. No queremos entrar
aquí a discutir y profundizar en calidad de qué están
presentes los ministros provisionales anteriores, una
vez que han perdido su facultad de gestión; o lo que
es aún más difícil de dirimir, con qué título debería
uno dirigirse a un ministro anteriormente provisional
y que ha perdido su facultad de gestión. El Reich
ha destacado desde el principio que se trata de una
suspensión transitoria del gobierno provisional de un
Estado Federado, pero hay que advertir que se trata
de un gobierno provisional de una clase particular,
porque este gobierno prusiano provisional solo debe
su existencia al conocido artilugio del cambio en el
reglamento de régimen interno del 12 de abril. Eso
hace más complicada esta construcción bastante peculiar que se presenta como el gobierno del Estado
Federado prusiano, removido el 20 de julio de 1932
por el Presidente del Reich. Pero la pregunta continúa
siendo la misma: ¿es acorde a la Constitución darle a

un Estado Federado, en virtud del Reich, un gobierno de comisarios?

Se han escuchado aquí reproches al gobierno del Reich, al que se acusó de "ocultarse", "escabullirse", "cubrirse" y otras expresiones. No quiero retomar esto y me mantengo en la pregunta ¿puede el gobierno de un Estado Federado removido de su cargo, como el gobierno prusiano provisional, invocar la *autonomía* del Estado Federado de Prusia contra la posibilidad, conforme a la Constitución, de ser intervenido por el Reich? El así llamado gobierno del Estado Federado ya no es el Estado Federado de Prusia. Sobre la base de la Constitución del Reich, el Presidente del Reich dispone de ciertas facultades de intervención, a las que, después del traspaso del poder ejecutivo −así como también lo constató expresamente WALTER JELLINEK−, no se opone el artículo 17 como norma de competencia independiente. El poder ejecutivo del Estado Federado comprende también un poder de organización, antiguamente del rey, ahora del Ministerio del Estado. Si entonces, sobre la base de la posibilidad de intervenir acorde a la Constitución del Reich, resulta lícita la instauración por parte del Reich de un órgano suplente, de un gobierno provisional de comisarios para el Estado Federado, entonces es éste, siempre que en lo demás estén dadas las condiciones constitucionales, el gobierno provisional del Estado Federado y ningún otro. Tiene facultad de representación y no corresponde hacer valer el argumento de la autonomía del Estado Federado, que nunca estuvo en duda. Si hay alguien "que se cubre", es el gobierno provisional anterior, ahora removido, que se identifica con el Estado Federado prusiano –no necesito especificar con qué justificación interna– y que ahora repite el tema de los derechos inalienables e inviolables del Estado Federado.

Parece haberse pasado por alto algo importante en la discusión sobre el derecho del Estado Federado: el Presidente del Reich, quien de acuerdo con el artículo 48 tiene facultades de distinto tipo, puede y debe, en caso necesario, ejercer esas facultades también en el interés de la *autonomía* del Estado Federado. Sería posible imaginar el caso en que solo de este modo pudiera salvarse la autonomía del Estado Federado. Porque uno de los más grandes y peores peligros para el sistema federal, para el federalismo y la autonomía de los Estados Federados radica justamente en que existen partidos políticos que trascienden los Estados Federados, rigurosamente organizados y centralizados, que se apoderan del Estado Federado y colocan a sus agentes y empleados en el gobierno estatal (profesor HELLER: ¡Esto es inaudito!) y así ponen en peligro la autonomía del Estado Federado. De este lado, desde los partidos políticos, se cierne la amenaza de permanentes disfunciones, la amenaza de la seguridad y el orden público y el incumplimiento de los deberes del Estado Federado frente al Reich. Si este caso se presenta, y lo digo de forma abstracta, y el Presidente del Reich se ve obligado a proceder, esto no está en absoluto en oposición a la autonomía del Estado Federado. (Oposición). Creo que el colega señor NAWIASKY admitirá que existen partidos políticos que significan un peligro para la autonomía de un Estado Federado. El *Bayerische Volkspartei*[126] se encuentra en la peculiar situación de representar lo opuesto a un peligro para la autonomía de Baviera. Sin embargo, hay otros partidos (VON JAN: ¡Ya nos arreglaremos con ellos por nuestra cuenta!). Ese es [dirigido a alguien, probablemente a VON JAN] su privilegio, su particularidad y esperemos que algún día usted no esté en situación de tener que agradecer a Dios que, en virtud del artículo 48, el presidente del Reich tenga facultades para intervenir.

Así que la única pregunta es: ¿puede el Reich actuar sobre un Estado Federado del modo en que lo hizo? La dicotomía unitario-federal no debe ser puesta en relación con otras oposiciones a modo de lemas. Considero decisivo que si el Presidente del Reich hizo uso de su facultad constitucional frente al Estado Federado, instauró en él a un gobierno provisional y suspendió al otro gobierno, entonces la cuestión de la facultad de representación está terminada, ya que se sabe cuál es el gobierno provisional activo del Estado Federado. Hacer valer aquí la autonomía del Estado Federado es una confusión manifiesta. Aquí se hizo uso de imágenes y comparaciones muy originales. Me permito entonces también utilizar una imagen, en términos generales, no en relación con este caso particular, para aclarar algo sencillo y constatar lo siguiente: si alguna vez llega a suceder

---

126 Partido Popular de Baviera.

que se encomienda el cuidado de las ovejas al lobo, y
hay que apartarlo, se pueden hacer valer todo tipo de
argumentos, menos uno: ¡la autonomía de las ovejas!
Es lo que sucede con un gobierno estatal suspendi-
do por el Presidente del Reich. No puede invocarse
la autonomía del Estado Federado como tal. Claro
que un gobierno de comisarios instaurado por el
Reich no es un gobierno normal, como tampoco lo
es un gobierno apolítico de burócratas como lo era el
gobierno prusiano removido de su cargo, que lleva
sobre sí la vergüenza del 12 de abril.

Hay dos lemas o frases a los que me quiero referir.
Una es la expresión *"el protector de la Constitución"*,
a la que el colega NAWIASKY dio un énfasis particular
y también un giro polémico. El Tribunal Estatal es
el protector de la Constitución. Nadie lo discute. Él
es el protector de la Constitución. Pero es y seguirá
siendo un *Tribunal de Estado* y no puede prescindir
que se cumplan las formalidades en el proceso jurídico como también las formalidades de la estructura
jurídica a las que se refirió el colega JACOBI con insis-
tencia y me parece también que con convicción. El
Tribunal Estatal solo tiene a su cargo la protección
de la Constitución en lo relativo a los tribunales y a
la formalidad de los procesos jurídicos. Dado que
la Constitución es una estructura *política,* requiere
además la toma de decisiones políticas esenciales,
y en este aspecto, creo, el Presidente del Reich es
el protector de la Constitución, y precisamente sus
facultades procedentes del artículo 48 tienen el fin,
tanto para los componentes federales como también

para los demás, de constituir un auténtico protector
político de la Constitución. Si en este carácter instaura
un gobierno de comisarios en un Estado Federado,
también actúa como un protector de la Constitución,
sobre la base de su decisión esencialmente *política,*
dentro de ciertos límites que hemos visto. Pero sigue
tratándose de su *decisión política.* Con esto también se
responde a la pregunta, importante para el artículo
19 de la Constitución del Reich, acerca de quién representa al Estado Federado en un caso semejante.
La representación de Prusia, que sobre la base de
este acto del Presidente del Reich es asumida por el
gobierno de comisarios, tiene un fundamento legal
sólido en la Constitución del Reich, como también en
la Constitución del Estado Federado complementada
por aquella.

Otra palabra que se ha repetido aquí es la del honor y la dignidad de Prusia, que se derivarían de su
estatalidad. En relación con esto, quisiera expresar
lo siguiente: el señor director del Ministerio Brecht
consideró adecuado recordar esta mañana, en su alegato final, que en 1866 el señor Presidente del Reich
fue a la guerra como oficial prusiano. ¿Qué sucedía
en 1866? Una intervención federal por parte de la
Confederación Germánica contra Prusia. Y el señor
Presidente, como oficial prusiano, combatió del lado
prusiano y defendió a Prusia de esa intervención.
Que el mismo hombre que antes defendió a Prusia
deba decidir ahora ordenar una intervención federal
contra esa misma Prusia debe considerarse un acon-
tecimiento significativo y sorprendente del que uno

debiera tomar conciencia por un momento. Porque aquí se observa que algo cambió. La intervención no tiene el sentido de aniquilar al Estado Federado y destruir su existencia, sino, por el contrario, proteger a Prusia de los peligros que amenazan a este Estado Federado. Si aquí se habla tanto de estatalidad, dignidad y del honor de Prusia, me permito plantearme la pregunta –no se la planteo a otro, me la planteo a mí mismo públicamente–: ¿dónde está mejor protegido todo esto, la dignidad y el honor de Prusia: entre los ministros provisionales removidos de su cargos el 20 de julio, que eran ministros provisionales solo gracias al artilugio del 12 de abril (grito: ¡jurisprudencia situacional!) o con el presidente del Reich Von Hindenburg? La respuesta a esta pregunta no es difícil. Es cierto, Prusia tiene su honor y su dignidad, pero el garante y el protector de ese honor es hoy el Reich.

LA SENTENCIA DEL TRIBUNAL ESTATAL
DEL 25 DE OCTUBRE DE 1932

HANS KELSEN

LA SENTENCIA DEL TRIBUNAL ESTATAL
DEL 25 DE OCTUBRE DE 1932[*]

Hans Kelsen

I

El objeto de la sentencia del Tribunal Estatal del 25 de octubre de 1932, memorable para la historia de la República de Alemania, es el decreto emitido por el Presidente del Reich el 20 de julio de 1932 (RGBL. [Boletín Oficial del Reich] I, p. 377). Este decreto se autodefine en el título como dictado para el *"restablecimiento de la seguridad y el orden públicos en el territorio del Estado Federado de Prusia"*. En su introducción, no se basa solo en el artículo 48, inciso 2, como esa autodefinición hace suponer, sino también en el artículo 48, inciso 1, de la Constitución del Reich. El decreto se presenta

---

[*] Publicado en *Die Justiz,* revista mensual para la renovación del Derecho alemán y órgano de la Asociación Profesional Republicana de la Magistratura. En colaboración con: Wolfgang Mittermaier, Gießen; Gustav Radbruch, Heidelberg; Karl Renner, Viena, Editado por: Wilhelm Kroner, Berlín. Edit. Dr. Walther Rothschild, Berlín-Grunewald. t. VIII, Berlín, nov. / dic. 1932, Cuaderno 2-3.

como un acto de *intervención federal (Reichsexekution)*
por parte del Reich contra Prusia, es decir, como un
acto cuyo sentido, según la Constitución, consiste en
obligar al Estado Federado de Prusia, con el auxilio de
la fuerza armada, a cumplir los deberes que no cumplió, pero que le corresponden según la Constitución
o las leyes del Reich. No se menciona de qué deberes
se trata. El decreto únicamente autoriza al Canciller
del Reich a remover de su cargo a los miembros del
Ministerio Estatal prusiano, a ejercer él mismo todas
las facultades del Presidente del Gobierno prusiano, a
encomendar a otros la conducción de los ministerios
prusianos y a transferirles todas las facultades de los
ministros estatales prusianos, según el ámbito de su
competencia. No se habla de asumir todos los deberes
de los ministros, en particular el de la responsabilidad
política y jurídico-interna establecida por los artículos
57 y 58 de la Constitución prusiana. La frase final del
artículo 1 del decreto dice: "El Canciller del Reich y
aquellos a quienes se encomienda la conducción de
los ministerios prusianos ejercen las facultades del
Ministerio Estatal prusiano". En esta transferencia
de funciones, se designa "Comisario del Reich para
el Estado Federado de Prusia" al Canciller del Reich
y "Comisarios del Reich" a aquellos, a quienes se les
encomienda la conducción de los ministerios prusianos.

En ejecución del decreto del Presidente del Reich,
tanto el Presidente del Gobierno prusiano como el
Ministro del Interior de Prusia fueron "removidos
de sus cargos" por sendos decretos del 20 de julio
de 1932. Los demás ministros del Ministerio Estatal

prusiano fueron removidos en la misma fecha por el
Canciller del Reich, no ya de sus cargos, sino de la
"conducción de los asuntos corrientes". En su lugar,
fueron nombrados los comisarios del Reich previstos
en el decreto del 20 de julio y estos asumieron efectivamente las funciones de los ministros prusianos.
El Canciller del Reich rechazó expresamente la responsabilidad del gobierno de los comisarios frente
al *Landtag*, en una carta dirigida al presidente del
mismo, con fecha 19 de agosto de 1932.

El sentido del decreto dictado por el Presidente
del Reich e implementado por el Canciller es claro:
obligar al Estado Federado de Prusia al cumplimiento
de deberes no especificados y –según la opinión del
Presidente del Reich incumplidos–, pero que, sin embargo, según la Constitución y las leyes del Reich, le
corresponde cumplir; y al mismo tiempo, restablecer
la seguridad y el orden públicos –según el Presidente
del Reich perturbados y amenazados en alto grado–,
transfiriendo todo el poder o, expresado en términos
jurídicos, toda la competencia del Gobierno prusiano,
al Canciller del Reich y a los comisarios designados
por éste y subordinados a él, en tanto órganos del
Reich. También se puede expresar lo mismo diciendo
que ciertos plenos poderes estatales, del Reich y de
Prusia, se agrupan en una sola mano, aunque hay que
observar que se trata de la mano del Reich, donde se
consuma esta concentración de poder. Sobre la base
del artículo 48, incisos 1 y 2, se transfiere al Reich toda
la competencia ejecutiva de un Estado Federado (con
exclusión de la justicia). Significa, ni más ni menos,

que los dos principios organizativos fundamentales
de la Constitución de Weimar, a saber, el del *Estado
federal* y el de la *democracia,* quedan sin efecto en el
ámbito del poder ejecutivo, como así también el principio del Estado federal en el ámbito legislativo, del
Estado Federado más grande de Alemania.

El Estado federal es, en cuanto a su organización,
una particular clase de descentralización. La competencia para la función legislativa y para la ejecutiva
está distribuida entre una instancia central y varias
instancias locales. En el ámbito ejecutivo, el principio
del Estado federal se exterioriza en la existencia de un
gobierno local distinto e independiente del gobierno
central y, eventualmente, también en la participación
de los gobiernos locales en el ejecutivo central. En
el ámbito legislativo, se exterioriza en la existencia
de un parlamento local distinto e independiente del
parlamento central y, en particular, en la participación
del parlamento local o del gobierno local en la legislación central. Esta participación de los miembros en
la legislación y en el ejecutivo central, esencial para
la forma organizativa del Estado Federal, tiene lugar
de acuerdo con lo dispuesto por la Constitución del
Reich, a través del *Reichsrat*, en el cual los Estados
Federados están representados por miembros de
sus gobiernos. Si ahora el Canciller del Reich y los
comisarios designados por él y subordinados a él se
desplazan para ocupar el Gobierno Estatal prusiano,
distinto e independiente del Gobierno del Reich,
entonces el principio del Estado Federal queda dero-
gado en Prusia. Prusia ya no es un *"Land"*, un Estado

Federado en el sentido de la Constitución del Reich, sino una provincia del Reich, que, mientras que la función legislativa no sea transferida también a un comisario del Reich (o al *Reichstag*) gozará de una cierta autonomía solo en ese ámbito. Dado que esa provincia autónoma no posee un gobierno elegido por el pueblo prusiano o por el *Landtag* prusiano, sino nombrado por una instancia central del Reich, ubicada fuera de Prusia y no responsable frente al *Landtag*, también el principio democrático está sensiblemente reducido y, en el ámbito ejecutivo, totalmente eliminado. La circunstancia de que al Canciller del Reich le fuera encomendado por el Presidente del Reich el gobierno de Prusia, es decir por un órgano elegido por el pueblo alemán en su totalidad y, por lo tanto, de carácter democrático, es irrelevante, porque se trata de la realización del principio democrático en un Estado-miembro de un Estado Federal. El principio democrático y el principio del Estado Federal están unidos aquí de forma inseparable. En cada comunidad miembro, democracia significa esencialmente *autodeterminación*[127]. Un Estado-miembro solo está organizado de forma democrática, si las funciones del Estado son gestionadas directamente por la población misma de ese Estado o por órganos surgidos por elecciones o por sorteo de esa población. Centralización de las funciones implica, al mismo tiempo, desdemocratización.

---

127 *Autokephalie* en el original (n. del trad.).

Para la significación que el decreto del 20 de julio tiene para el principio del Estado Federal y el principio democrático en Prusia, no es esencial que en la ejecución de esa norma solo una parte de los ministros fuera removida "de sus cargos" y los otros "de la conducción de los asuntos oficiales". Tampoco es esencial discutir si en la ejecución de este decreto el Canciller del Reich o los comisarios del Reich designados por él y subordinados a él solo demandaron el derecho del Ministerio Estatal prusiano de representar a Prusia en el *Reichsrat* o si efectivamente lo ejercieron. No se puede poner seriamente en duda que, tras el decreto del Presidente del Reich que transfiere "todas las facultades" del gobierno estatal prusiano al canciller del Reich y a aquellos designados por él y subordinados a él, estos órganos del Reich están facultados para representar a Prusia en el *Reichsrat*. Si el decreto del Presidente del Reich es constitucional o no, ya es una cuestión distinta. Es la que debía responder el Tribunal Estatal.

¿De qué modo respondió a la pregunta? ¿Cuál es la opinión jurídica del Tribunal Estatal?

II

En primer lugar, el Tribunal Estatal declara que la condición bajo la cual se puede llegar a aplicar el artículo 48, inciso 1, –el incumplimiento de un deber que el Estado Federado de Prusia está obligado a cumplir según la Constitución y las leyes del Reich– no está dado en el presente caso y que, por lo tanto, el Decreto del 20 de julio no se puede apoyar en esa disposición de la Constitución. El Tribunal Estatal no lo expresa y en la parte dispositiva de su sentencia tampoco lo pone de relieve, pero de la fundamentación surge, de modo indudable, que la intervención del Reich sobre Prusia, en el sentido que representa la remoción del cargo del Ministerio Estatal prusiano y la transferencia de sus funciones al canciller del Reich y a los órganos del Reich designados por él y subordinados a él, no es compatible con la Constitución o, dicho con otras palabras, que *toda esta acción como intervención del Reich es inconstitucional*. A esa misma acción, en tanto se fundamenta en el artículo 48, inciso 2, es decir, calificada como medida para el restablecimiento de la seguridad y el orden públicos, el Tribunal Estatal *no* la declara básicamente inconstitucional. Por lo pronto, es significativo que el Tribunal Estatal, aunque no de modo expreso, pero sí implícito, en concordancia con el decreto del 20 de julio, considere posible que el mismo estado de cosas pueda ser intervención por parte del Reich, en el sentido del artículo 48, inciso 1, y una medida para el restablecimiento de la seguridad y el orden públicos, en el sentido del artículo 48, inciso 2. La sentencia del Tribunal Estatal no dice lo que sería bastante natural decir, que una transferencia de las funciones de un gobierno estatal al Reich no puede ser la obligación impuesta a un Estado Federado "con el auxilio de la fuerza armada", a cumplir sus deberes incumplidos. Solo dice que no está dada la condición que autorice al Reich a llevar a cabo contra

Prusia la acción descripta en el decreto del 20 de julio como intervención.

Mientras el Tribunal Estatal se considera sin más razón autorizado a comprobar si existen las condiciones para la aplicación del artículo 48, inciso 1, declara que en "la cuestión sobre si en caso de litigio el Tribunal Estatal debe verificar la existencia de las condiciones del artículo 48, inciso 2, de la Constitución del Reich o si debe tomar el criterio del presidente del Reich como base para su resolución" jamás emitió su parecer y que tampoco en el presente caso hace falta emitirlo. Pero ya en la oración siguiente examina si están dadas las condiciones para aplicar el artículo 48, inciso 2, y decide en sentido afirmativo, declarando, extrañamente como fundamento que *no* necesita emitir su parecer en la presente cuestión: "porque es notorio que el decreto del 20 de julio fue dictado en una época de grave perturbación y amenaza de la seguridad y el orden públicos". Y comprueba de manera expresa: "por ello las condiciones para una intervención sobre la base del artículo 48, inciso 2, estaban dadas sin más razón". El Tribunal Estatal reconoce como condición suficiente para la aplicación del artículo 48, inciso 2, que las medidas de esta disposición constitucional se lleven a cabo "en una época" en la que la seguridad y el orden públicos están expuestos a grave perturbación y amenaza. En las explicaciones no aborda de ningún modo esta cuestión: si la perturbación y la amenaza de la seguridad y el orden públicos, supuestamente dadas, efectivamente existían en el territorio al que se refería la medida. Solo del rechazo a la objeción del gobierno prusiano, según la cual en otros Estados Federados existían circunstancias iguales o semejantes a Prusia, sin que por ello se hubiese aplicado contra ellos el artículo 48, inciso 2, surge indirectamente el supuesto del Tribunal Estatal de que la condición para la aplicación del artículo 48, inciso 2, estaba dada no solo de forma temporal, sino también en lo espacial, más precisamente en ese Estado Federado al que se referían las medidas para el restablecimiento de la seguridad y el orden públicos.

No se puede poner en duda que el Tribunal Federal está facultado para examinar tanto la condición para la aplicación del artículo 48, inciso 1, como la condición de aplicación del artículo 48, inciso 2. En ambos casos, debe establecer si existe o no un determinado estado de cosas definido por la Constitución. En un caso, se trata de una violación de deberes por parte del Estado Federado, en el otro, de la perturbación o amenaza de la seguridad y el orden públicos. Que en el primer caso se le agregue a la cuestión de hecho una cuestión jurídica, aquella que pregunta si el deber cuya violación se afirma está establecido en la Constitución o en alguna ley del Reich, no modifica en nada la circunstancia de que, si el Tribunal Estatal está facultado para examinar las condiciones del artículo 48, inciso 1, también debe resolver sobre una cuestión de hecho, como cuando tiene que examinar las condiciones del artículo 48, inciso 2. Por lo demás, en una controversia sobre si corresponde la aplicación realizada del artículo 48, inciso 1 o 2 de la Constitución, solo le estaría negado el examen de las condiciones de aplicación si esto estuviera determinado expresamente por la Constitución o alguna ley que lo precise. Y este no es el caso. El artículo 19 de la Constitución del Reich transfiere al Tribunal Estatal la decisión total sobre conflictos constitucionales, sin ninguna restricción. Y en un conflicto constitucional, la cuestión de hecho puede tener una importancia mayor que la cuestión jurídica. Para expresarlo mejor, la cuestión jurídica puede consistir en la cuestión de hecho. Porque también la llamada cuestión de hecho es una cuestión jurídica. Constituye un asunto de *lege ferenda* determinar si es adecuado o conveniente concederle a un Tribunal Constitucional una competencia tan vasta. Falta una reducción de *lege lata*, considerada deseable por muchos, a la cuestión jurídica en sentido estricto. En particular, falta un fundamento jurídico-positivo para diferenciar en esta dirección entre un conflicto constitucional, según artículo 48, inciso 1, y otro conflicto constitucional, según artículo 48, inciso 2.

III

El Tribunal Estatal cree que tiene y que puede eludir, en el presente caso, la pregunta fundamental para su sentencia, aunque no esté en condiciones de hacerlo y finalmente termine respondiéndola: si la seguridad y el orden públicos estuvieron perturbados o amenazados en alto grado. Tanto mayor es su certeza de estar autorizado a decidir acerca de qué medidas pueden tomarse, en el sentido de la Constitución, para restablecer la seguridad y el orden públicos. Por consiguiente, expresa este precepto jurídico: que "es lícito depositar en manos del Reich no solo los medios de poder policiales de Prusia, sino también agrupar en una mano la *totalidad de los medios de poder estatales* del Reich y de Prusia y guiar la política del Reich y de Prusia por vías unificadas". El término "medios de poder"[128] se utiliza en esta frase en un doble sentido. En sentido propio y estricto, cuando se habla de medios de poder "policiales". La policía, como modelo de los órganos de seguridad armados, es un instrumento para el ejercicio del poder estatal. Sin embargo, cuando se habla de "la totalidad de los medios de poder estatales", no pueden entenderse solo estos "medios" de ejercicio del poder cuando la agrupación en una mano de la totalidad de los "medios de poder" estatales del Reich y de Prusia debe tener el efecto de "guiar la política del Reich y de Prusia por vías unificadas". "La totalidad de los medios de poder estatales" de un país es mucho más que sus "medios de poder policiales". Es imposible que subordinando los órganos policiales en sentido restringido a las autoridades del Reich pueda guiarse toda la política del Reich y del Estado Federado en cuestión por una vía unificada. "Medios de poder estatales" quiere decir, por lo visto: plenos poderes estatales, competencias o funciones del Estado. El Tribunal Estatal quiso expresar que la transferencia

---

128 *Machtmittel* en alemán (n. del trad.).

de toda la competencia del gobierno estatal prusiano
al Reich, ordenada por el decreto del presidente del
Reich, no es inconstitucional o al menos en principio
no es inconstitucional. Más adelante, también habla
de "ámbitos de competencia ministeriales" es decir
de competencias como medios de poder estatal de
este tipo. La función del ministro prusiano de cien-
cias, etc., no es un medio de poder en el sentido en
que lo es la policía. Si la transferencia también de
esa función al Reich debe estar comprendida en la
fórmula: agrupación de los medios de poder estatales del Reich y de Prusia, entonces debe ser que
"medios de poder" significa tanto como "plenos
poderes". Si este fuera el caso, entonces el precepto
jurídico expresado por el Tribunal Estatal excede
ampliamente al decreto del 20 de julio. Porque "los
medios de poder estatales", en el sentido de plenos
poderes estatales, comprenden no solo la competencia y función ejecutiva, en particular la del gobierno
estatal, sino también la legislativa, la del *Landtag*. El
precepto jurídico formulado en primer término por
el Tribunal Estatal declara lícito transferir al Reich
"la totalidad de los medios de poder estatales" de
un Estado Federado, y en aplicación del artículo 48,
inciso 2, también la transferencia de facultades del
Landtag al Canciller del Reich o a un comisario del
Reich designado por él y subordinado a él o a algún
otro órgano del Reich. Y de hecho, si en aplicación
del artículo 48, inciso 2, las facultades de un gobierno
estatal pueden transferirse al Reich, no se ve la razón
por la cual no se pueda tomar la misma medida en

relación con las facultades del *Landtag*. Si la acción
de un gobierno estatal, conducido por determinadas
personas, puede obstaculizar el restablecimiento de
la seguridad y el orden públicos, entonces la acción
o inacción de un *Landtag* compuesto de determinada
manera lo puede aún mucho más. Del artículo 48,
inciso 2, no resulta posible deducir una diferencia-
ción entre competencias legislativas y ejecutivas en
cuanto a su posibilidad de ser transferidas al Reich.

De cualquier modo, según la primera formulación
de la opinión jurídica del Tribunal Estatal en relación
con las medidas lícitas según el artículo 48, inciso 2, el
decreto del Presidente del Reich del 20 de julio debe
valer como constitucional en todo su contenido. Pero
la sentencia del Tribunal Estatal expresa, al mismo
tiempo, que este no es el caso.

IV

En la fundamentación de su sentencia, el Tribunal
Estatal da una segunda formulación a su interpretación jurídica, atenuándola en cierto grado. Según
esta versión, solo era lícito "agrupar en una mano
los medios de poder estatales del Reich y del Estado
Federado más grande de Alemania y equiparar la
política estatal prusiana en lo posible a la política del
Reich". Ya no se habla de "la totalidad" de los medios
de poder estatales y la política del Estado Federado
de Prusia, solo debe equipararse "en lo posible" a la
del Reich. En el transcurso de la fundamentación de la
sentencia, el Tribunal Estatal también abandona esta

segunda formulación modificada de su interpretación jurídica. Porque declara: "las medidas del artículo 48, inciso 2, no solo deben corresponder al objetivo de restablecer la seguridad y el orden públicos, sino que deben mantenerse dentro de los límites infranqueables que resultan del nexo de ese artículo con las demás disposiciones de la Constitución del Reich". Y expresa su opinión "permanente" de que "dejando de lado la suspensión transitoria de siete garantías que le está permitida, el Presidente del Reich está sujeto a todas las normas de la Constitución del Reich que no delimitan únicamente las competencias del Reich frente a los Estados Federados o las competencias de los distintos órganos del Reich entre sí". Esto significa: entre las disposiciones de la Constitución del Reich que pueden dejarse sin efecto a través de medidas que se basan en el artículo 48, inciso 2, se encuentran: i) las normas de los artículos de la segunda parte de la Constitución del Reich, expresamente citados en el artículo 48, inciso 2, ii) las normas de la Constitución que "delimitan competencias del Reich frente a los Estados Federados y las competencias de los distintos órganos del Reich entre sí". El punto i) no está en discusión, sólo el punto ii) entra en consideración. Con él, el Tribunal Estatal vuelve a la primera formulación extensa de su opinión jurídica. La "totalidad de los medios de poder" en el sentido de facultades, que son las competencias de un Estado Federado, se basan en la delimitación efectuada por la Constitución del Reich, entre competencias del Reich y de los Estados Federados. Estos tienen todas aquellas competencias y, por lo tanto, los medios de poder estatales en el sentido de plenos poderes o facultades de poder que la Constitución no reservó para el Reich. En esta delimitación de la competencia del Reich frente a los Estados Federados reside, como ya se señaló antes, todo el principio del Estado Federal y el principio democrático, esencialmente ligado a aquél, en tanto debe ponerse en práctica dentro de los Estados Federados. Si la competencia ejecutiva confiada por la delimitación de competencias de la Constitución del Reich a los Estados Federados es transferida al Reich por medio de una medida basada en el artículo 48, inciso 2, es decir, esta disposición de la Constitución del Reich relativa a la delimitación de competencias queda anulada, entonces los dos principios esenciales de la primera parte organizativa de la Constitución del Reich quedan sin efecto. Si se interpreta el artículo 48, inciso 2, en este sentido extensivo, entonces apenas resulta posible hablar de "límites infranqueables" en la aplicación del artículo 48, inciso 2. Si a través de una medida basada en el artículo 48, inciso 2, se dejan sin efecto los límites de las competencias entre el Reich y los Estados Federados, entonces no existen límites que entren en consideración, y entonces el artículo 48, inciso 2, representa no solo la posibilidad de revocar ciertos artículos citados en la segunda parte de la Constitución, sino también las normas decisivas de la primera parte, en tanto se refieren al lugar que ocupan los Estados Federados.

Pero el Tribunal Estatal no desea que se interprete en este sentido su tercera formulación, extraordinaria-

mente extensa. El tribunal intenta entonces limitarla
sosteniendo: "entre las normas constitucionales que
no contienen en lo principal simples delimitaciones de
competencias, se encuentran las disposiciones sobre
el lugar de los Estados Federados dentro del Reich y
sobre la organización de los Estados Federados, en
particular los artículos 17, 60 y 63 de la Constitución
del Reich". Esto es claramente inexacto. Porque si el
artículo 17 establece que cada Estado Federado debe
tener una Constitución republicana, y el Tribunal
Estatal se refiere precisamente a esta disposición, y si,
como lo manifiesta expresamente el Tribunal Estatal,
debe entenderse que esta Constitución republicana
garantiza "a cada Estado Federado la existencia de un
gobierno estatal surgido del propio Estado Federado",
entonces el artículo 17 significa que las competencias
no reservadas al Reich solo deben ser ejercidas, en
tanto competencias del Estado Federado, por los
órganos de este y no por los órganos del Reich. La
Constitución no solo fija límites a la competencia
material del Reich frente a la de los Estados Federados, ella también delimita la competencia personal
del Reich frente a la de los Estados Federados y la
competencia personal de los Estados Federados frente
a la del Reich. Si en el artículo 17 ella le garantiza,
como lo dice con acierto la sentencia del Tribunal
Estatal, "a cada Estado Federado la existencia de un
gobierno estatal surgido del propio Estado Federado
de forma independiente", no garantiza entonces
con ello otra cosa que la competencia personal del
Estado Federado, es decir, garantiza a ciertos ór-

ganos del Estado Federado "surgidos del Estado Federado en sí" y por lo tanto surgidos "de forma autónoma", la competencia personal (personal en el sentido de que excluye una competencia de órganos del Reich u otros órganos de Estados Federados) de ejercer la competencia material concedida al Estado Federado. La competencia material concedida por la Constitución Federal a un Estado-miembro está necesariamente ligada a una competencia personal que debe ser concedida a determinados órganos de un Estado Federado. Cuando habla de "competencia", el Tribunal Estatal identifica a esta con la competencia material, sin pensar en la competencia personal, lo que tiene que llevar a consecuencias muy preocupantes, especialmente en el ámbito del derecho del Estado federal. Del hecho de que el artículo 17 se pueda violar con solo transferir la competencia del gobierno del Estado Federado a un órgano del Reich, se desprende que este artículo es una norma de competencia. Porque entonces el Estado federado no es conducido por un gobierno del Estado Federado "surgido de modo independiente" y que el artículo 17 le garantiza, sino por un gobierno del Reich. Es una contradicción en sí declarar, por una parte, que "un mero desplazamiento de competencias, como una transferencia de asuntos oficiales y facultades del gobierno del Estado Federado a un órgano del Reich" es lícito y, por otra parte, exigir que se observe la norma del artículo 17 que garantiza a cada Estado Federado su propio gobierno surgido del propio Estado Federado. Los artículos 60 y 63 de la

Constitución del Reich, citados por el Tribunal Estatal, tienen el mismo carácter que el artículo 17. Es parte de la competencia material del Estado Federado participar en la legislación y en la administración del Reich y es una norma concerniente a la competencia personal si la Constitución del Reich transfiere a los miembros de los gobiernos de los Estados Federados esa participación del Estado Federado en el legislativo y ejecutivo central, disponiendo que los Estados Federados sean representados en el *Reichsrat* por miembros de sus propios gobiernos (y no por miembros del gobierno del Reich o por los del gobierno de otro Estado Federado). Esta representación del Estado Federado en el *Reichsrat* es parte de la competencia de los gobiernos de los Estados Federados, dispuesta por la Constitución del Reich. Si se transfieren "todas las facultades" del gobierno estatal prusiano, como lo expresa el decreto del 20 de julio, a órganos del Reich, y por lo tanto también la facultad de representar al Estado Federado en el *Reichsrat*, significa que se dejan sin efectos los artículos 60 y el 63 de la Constitución del Reich, porque es un *desplazamiento de competencias*. Es por eso una contradicción que el Tribunal Estatal declare lícito un mero desplazamiento de competencias, como una transferencia de asuntos oficiales y facultades del gobierno del Estado Federado a un órgano del Reich, pero, por otra parte, solicite que se respete la norma de los artículos 60 y 63 de la Constitución del Reich, según la cual los Estados Federados solo pueden ser representados en el *Reichsrat* por los miembros de sus gobiernos, es decir del gobierno designado de acuerdo con la constitución de sus respectivos Estados Federados. El Tribunal Estatal se equivoca cuando habla de un "mero" desplazamiento de competencias, cuando habla de normas de la Constitución del Reich que "solo" delimitan la competencia del Reich frente a los Estados Federados. *Esas normas de competencia son las disposiciones más importantes de la Constitución de un Estado Federal.* Finalmente, no debe olvidarse que incluso las disposiciones de la Constitución del Reich que le conceden a los Estados Federados el derecho a legislar "solo" delimitan la competencia del Reich frente a los Estados Federados. Si entonces el Tribunal Estatal opina que "las disposiciones sobre el lugar de los Estados Federados dentro del Reich" no pueden ser afectadas por una medida basada en el artículo 48, inciso 2, no puede opinar que a través de esas medidas se puede realizar "un desplazamiento de competencias" entre el Reich y los Estados Federados. Y de hecho, también el Tribunal Estatal ve en el *desplazamiento de competencias,* específicamente de la competencia personal, desde el gobierno del Estado Federado prusiano a los órganos del Reich, una *violación del artículo 17* de la Constitución del Reich, cuando declara: "el lugar de este gobierno del Estado Federado no puede ser ocupado por otro órgano, tampoco de forma transitoria", porque hacer que un órgano ocupe el lugar de otro no es otra cosa que un desplazamiento de la competencia personal.

Y lo mismo puede decirse de la violación de los artículos 60 y 63 de la Constitución del Reich que el

Tribunal Estatal expresa así: "sustraerle a un Estado Federado su representación en el *Reichsrat* sobre la base del artículo 48, inciso 2, y transferirla a un comisario del Reich significa un menoscabo fundamental del lugar de un Estado Federado en el Reich y un cambio en la composición del *Reichsrat*, contradictorio con la esencia de éste. Por lo tanto, no es posible instalar un comisario del Reich en un gobierno estatal y remover de su cargos a los ministros nombrados según la Constitución". Esta violación de los artículos 60 y 63 no significa otra cosa que transferir la competencia del gobierno del Estado Federado a un comisario del Reich, o sea un desplazamiento de competencia personal. Lo que el Tribunal Estatal califica de violación de los artículos 17, 60 y 63 es precisamente lo llevado a cabo por el decreto del 20 de julio. Y por lo tanto, de acuerdo con esta última formulación de la interpretación del Tribunal Estatal, el decreto debería ser *inconstitucional,* en tanto transfiere a un órgano del Reich la competencia del gobierno de un Estado Federado, garantizada por la Constitución, es decir, es un "mero desplazamiento de competencias". En cambio, de acuerdo con la primera formulación del Tribunal Estatal, según la cual es lícita la transferencia a órganos del Reich de la totalidad de la competencia del Estado Federado, como parte de la unión de la totalidad de los medios de poder estatales del Reich y de un Estado Federado, el decreto debería considerarse *constitucional.*

V

Entre las dos interpretaciones jurídicas que se excluyen mutuamente parece imposible un compromiso intermedio. Y, sin embargo, el Tribunal Estatal lo intentó. Después de sostener que el gobierno del Estado Federado no puede ser ocupado, siquiera de forma transitoria, por ningún otro órgano y que es inadmisible instaurar a un comisario del Reich como gobierno del Estado Federado y remover de sus cargos a los ministros designados constitucionalmente, declara lo siguiente acerca del decreto que instauró a un comisario del Reich y lo autorizó a ejercer el gobierno estatal y a remover de sus cargos a los ministros designados de acuerdo con la Constitución: "el decreto puede ser justificado bajo el punto de vista del desplazamiento de competencias dentro de los límites que resultan de aquí". Ya que este decreto no significa otra cosa que un desplazamiento de competencias, debería ser considerado a su vez *constitucional*, más exactamente constitucional en su *totalidad*. Sin embargo, el Tribunal Estatal *no* llega a esta conclusión. Declara: "las facultades de los ministros prusianos en asuntos del Estado Federado podían ser separadas del poder público estatal y transferidas al comisario del Reich como órgano del Reich, dejando a los ministros actuales en sus cargos". Después de que el Tribunal Estatal declarara primero que en aplicación del artículo 48, inciso 2, era lícito transferir a órganos del Reich la *totalidad* de los medios de poder estatales de Prusia, es decir, como se mostró

antes, todas las facultades de los órganos del Estado
Federado prusiano, intenta ahora distinguir entre
facultades que sobre la base del artículo 48, inciso 2,
pueden ser sustraídas al gobierno estatal y aquellas
que no le pueden ser sustraídas. Sin embargo, no es
muy posible que al hacerlo se distinga entre facultades "relativas a asuntos del Estado Federado" y otras
facultades del gobierno estatal prusiano, como parece
a primera vista, ya que los ministros de un Estado
Federado no tienen otras facultades que aquellas
relativas a asuntos de los Estados Federados. Cada
facultad que les es transferida, en tanto ministros
de Estados Federados, es una facultad del Estado
Federado y, por lo tanto, una facultad en asuntos
del Estado Federado. Como facultades que no le
pueden ser sustraídas al gobierno del Estado Federado, el Tribunal Estatal especifica las siguientes: "la
representación del Estado Federado frente al Reich,
en particular en el *Reichsrat* y en el *Reichstag*, como
también frente a otros Estados Federados. Además,
los derechos y deberes constitucionales frente a los
otros órganos supremos del Estado Federado". Sin
embargo, no puede dudarse seriamente de que las
facultades de los artículos 60 y 63 de representar al
Estado Federado en el *Reichsrat* son un asunto de los
Estados Federados. Se trata de un asunto del Estado
Federado en el sentido más eminente de la palabra,
de la participación del Estado Federado en la función legislativa y en la administración del Reich, de
una función en la que el Estado Federado como tal,
como miembro del Reich, aparece como instancia

local frente a la instancia central. Lo mismo puede decirse de la representación en el *Reichstag* frente a los demás Estados Federados. Sin embargo, en lo referido a los demás "derechos y deberes constitucionales" del gobierno del Estado Federado "frente a los otros órganos supremos del Estado Federado", indudablemente se trata también de asuntos de los Estados Federados.

Pero el Tribunal Estatal no solo fundamenta la imposibilidad de quitarle todas estas facultades al gobierno del Estado Federado, alegando que no son asuntos del Estado Federado (hay que suponer que esta fundamentación también influye, ya que, de lo contrario, no tendría sentido hablar en este contexto de "facultades de los ministros prusianos en asuntos de los Estados Federados"). La imposibilidad de sustraer las facultades mencionadas se justifica principalmente explicando que "son imprescindibles para el mantenimiento de la independencia del Estado Federado y su lugar en el Reich". Que sean precisamente éstas y no también las demás facultades en asuntos del Estado Federado, en particular la totalidad de la administración interna del Estado Federado (y eventualmente también su función legislativa) está poco justificado, en tanto que las facultades que el Tribunal Estatal considera imposibles de sustraer no pueden ser ejercidas prácticamente sin las otras, en especial, sin la facultad de conducir los asuntos administrativos. ¿Cómo habría de representar un gobierno estatal a su Estado Federado en el *Reichsrat* o frente a otro Estado Federado, cómo habría de ejercer sus derechos y deberes constitucionales frente al *Landtag*, en particular su responsabilidad constitucional frente al *Landtag*, si se le sustrae la base de todos estos derechos y deberes, si no puede ejercer su función principal que es la conducción de la administración del Estado Federado, porque ésta fue transferida a órganos del Reich ajenos al Estado Federado? La línea divisoria que el Tribunal Estatal intenta trazar para las medidas a tomar con base en el artículo 48, inciso 2, distinguiendo entre competencias que pueden ser sustraídas y otras que no pueden serlo, no solo es prácticamente imposible, sino que no encuentra una mínima base de sustento en el derecho positivo. Conduce a una figura de ministros estatales, que no concuerda con la Constitución del Reich ni con la Constitución de Prusia, con una competencia constitucional vaciada hasta dejar solo un resto insignificante y arbitrario. Si bien el Tribunal Estatal declara: "debe conservarse por lo tanto el gobierno constitucional del Estado Federado en el *marco de la Constitución de ese Estado*", al mismo tiempo declara lícito sustraerle a ese gobierno estatal casi todas las funciones conferidas por la Constitución y, por lo tanto, jurídicamente esenciales. Según la interpretación jurídica del Tribunal Estatal, expresada en último término, una medida basada en el artículo 48, inciso 2, encuentra su límite en la existencia de un Presidente de Gobierno prusiano que la medida no puede remover. Pero para este Presidente de Gobierno, que debe ser mantenido en el transcurso del restablecimiento de la seguridad y el orden públicos, no deben tener vigencia las disposiciones de los artículos 46 y 47 de la Constitución Prusiana, según las cuales el Presidente del Gobierno decide "las líneas generales de la política de gobierno" y conduce los asuntos del Ministerio Estatal. Pero esas son funciones que son esenciales para un Presidente del Gobierno, y un órgano, al que no se le autoriza ejercer esas funciones, ya no puede ser considerado un Presidente del Gobierno según la Constitución de Prusia. Según la interpretación jurídica del Tribunal Estatal, como resultado de la acción según el artículo 48, inciso 2, tiene que haber también ministros prusianos y éstos no pueden ser apartados por esta acción. Sin embargo, para ellos no debe regir la disposición del artículo 46 de la Constitución de Prusia según la cual "cada ministro estatal" conduce "de forma independiente la cartera que le fue confiada", en el marco de las líneas generales dispuestas por el Presidente del gobierno. Sin embargo, las personas a quienes se les sustrae esa función esencial para los ministros estatales prusianos dejan de ser ministros en el sentido de la Constitución prusiana. Un ministerio estatal, así como lo describe la sentencia del Tribunal Estatal, no existe en el marco de la Constitución del Reich ni de la Constitución prusiana. E incluso si sobre la base del artículo 48, inciso 2, fuera posible crear órganos que solo tuvieran esas competencias mínimas que les corresponden, según la sentencia del Tribunal Estatal, a los miembros del ministerio estatal, éstos órganos ya no podrían denominarse "presidente del gobierno" o "ministro del Estado Federado" como los entiende la Constitución de Prusia.

El fundamento jurídico de su función ya no podría ser la Constitución de Prusia. Es el mismo que el de los comisarios del Reich a los que se les transfieren las facultades del ministerio estatal prusiano casi en su totalidad: el artículo 48, inciso 2, y el decreto del presidente del Reich, dictado para hacerlo efectivo. El así llamado Presidente del gobierno y los así llamados ministros estatales son solo órganos del Estado Federado en relación con su *nombramiento* original. Su *competencia* ya no se apoya como la del verdadero ministerio estatal prusiano *tanto en la Constitución del Reich como en la Constitución de Prusia,* sino pura y exclusivamente en una norma de derecho del Reich: el decreto del Presidente del Reich. Por lo tanto, solo pueden ser considerados órganos del Reich, siempre y cuando se les haya dejado alguna competencia, lo que debería ser el caso después de la sentencia del Tribunal Estatal, pero ya no lo es después del decreto del 20 de julio.

VI

La construcción del Tribunal Estatal, según la cual el canciller del Reich y los comisarios del Reich nombrados por él y subordinados a él constituyen el gobierno estatal prusiano y han de conducir legítimamente los asuntos oficiales, mientras que a su lado el Presidente del gobierno elegido por el *Landtag* prusiano y las personas designadas por él según la Constitución de Prusia, que conservan un resto insignificante de competencias que ya no pueden ser ejercidas adecuadamente y a su vez una total responsabilidad frente al *Landtag*, que deben seguir *denominándose* gobierno estatal, no puede menos que conducir, como el mismo Tribunal Estatal teme, no solo a "fricciones entre el comisario del Reich y el gobierno estatal", sino a una situación totalmente imposible en lo jurídico y en lo político, en la que no puede existir "una cooperación pacífica para el bien del Estado Federado y del Reich", un deseo que el Tribunal Estatal seguramente expresa por fuera de su competencia específica.

Especialmente porque sobre uno de los dos "gobiernos" o, más bien, solo sobre uno de ellos, sobre el así llamado gobierno estatal prusiano, pende la espada de Damocles de la amenaza del artículo 48, inciso 1. Porque el Tribunal Estatal opina: "en cuanto un gobierno estatal conduzca los asuntos en las áreas que permanecen en sus manos de tal modo que permita divisar una violación de deberes frente al Reich, el Presidente del Reich podría, sobre la base del artículo 48, inciso 1, intervenir ampliamente en los derechos del Estado Federado". Pero ¿en qué medida podría el gobierno del Estado Federado conducir los asuntos de modo que permitan divisar una violación de deberes frente al Reich, puesto que ya no tiene que conducir asuntos de gobierno? Siguiendo este rumbo, solo queda la participación en la función legislativa y en la administración del Reich, consistente en que los miembros del gobierno estatal representan al Estado Federado en el *Reichsrat*. Según la opinión jurídica del Tribunal Estatal, esta participación debía quedar a cargo del gobierno estatal. ¿Pero existe aquí

la posibilidad de violar deberes frente al Reich? Una
violación de deberes solo podría tener lugar por la
presentación de una solicitud o la votación sobre
este punto. ¿Y el Estado Federado no está, según la
Constitución del Reich en total libertad de hacerlo
en tanto está representado por su gobierno? Resulta
difícil encontrar otra posibilidad de violación de deberes frente al Reich que aquella de que los miembros
del así llamado gobierno estatal prusiano le causen
al comisario del Reich dificultades morales y políticas, por la falta de lo que el Tribunal Estatal llama
"cooperación pacífica". ¿Pero es esa una violación de
deberes en el sentido de la Constitución del Reich?
¿Y si la falta de espíritu pacífico proviene de parte
del comisario del Reich? Se trata realmente de una
societas leonina. Pero ¿en qué debería consistir la
coacción federal contra el Estado Federado de Prusia
en el caso de una violación de deberes por parte del
así llamado gobierno estatal? Este Estado Federado
ya no existe, ya que por medio de la medida para el
restablecimiento de la seguridad y el orden públicos
se convirtió en una provincia administrada directamente por el Reich. Y la intervención federal como
uso de la fuerza armada ya no tiene sentido, porque
las personas, contra las que podría estar dirigida, ya
no tienen medios de poder a su disposición y no pueden ofrecer una resistencia violenta que hubiera que
someter por la fuerza armada. Esta intervención por
parte del Reich solo podría consistir en otro desplazamiento de competencias, por el cual el comisario del
Reich podría, ya que está facultado a hacerlo según

el decreto vigente de "restablecimiento de la seguridad y el orden públicos en el territorio de Prusia",
sustraerle a los así llamados miembros del gobierno
estatal la representación de Prusia en el *Reichsrat* y
en el *Reichstag* y frente a los otros Estados Federados,
ya que objetivamente no pueden hacerse cargo, y
transferirla a un órgano del Reich. Esa intervención
del Reich no tendría otro sentido que quitarle a una
provincia del Reich la última apariencia de "Estado
Federado" según la Constitución del Reich, que le
dejó la medida de restablecimiento de la seguridad y
el orden públicos, si ésta se hubiese producido según
la sentencia del Tribunal Estatal.

VII

El Tribunal Estatal expone su interpretación sobre el
decreto del presidente del Reich del 20 de julio y sobre
las medidas lícitas en general, y en particular según el
artículo 48, incisos 1 y 2, solo en los fundamentos de
la sentencia, pero no en la sentencia misma. Esta no
contiene ni siquiera los puntos esenciales, a saber: en
primer término, si la acción ordenada por el decreto
del Presidente del Reich debe ser considerada como
lo que el decreto dice que es, o sea una *intervención
federal del Reich contra Prusia*; si el decreto puede invocar el artículo 48, inciso 1, o no y si por eso hay que
considerarla en esa dirección constitucional o no. Es
cierto que el Tribunal Estatal niega decididamente
esa pregunta, pero solo lo hace en la fundamentación
de su sentencia. Por cierto, se puede discutir si, en el

caso en que no considere dadas las condiciones para
aplicar el artículo 48, inciso 1, el Tribunal Estatal debe
expresar en el texto de la sentencia su opinión jurídica
de que el Estado Federado que acudió a él y contra el
cual se dirigió la coacción federal, no violó deberes
frente al Reich. Se puede opinar que corresponde
expresarlo en los fundamentos, pero en todo caso en
los fundamentos de una *sentencia en la que se declara
que la intervención federal por parte del Reich fue inconstitucional*, y si aún persiste, que es inconstitucional.
Aunque solo sea para hacer posible la *ejecución de la
sentencia* prevista en el artículo 19, último párrafo.
Solo puede ejecutarse el fallo, no los fundamentos de
la sentencia. Y al ejecutar una sentencia del Tribunal
Estatal, el Presidente del Reich solo está obligado a
dejar sin efecto una intervención federal reconocida
como inconstitucional, cuando la inconstitucionalidad
de esa intervención federal está declarada en el fallo
del Tribunal Estatal, o sea en la parte dispositiva de
esa sentencia. No se puede reprochar a un órgano,
al que se encomendó la ejecución de una sentencia,
que se atenga estrictamente a la misma, es decir,
al fallo de la sentencia y no a los fundamentos, no
siempre inequívocos, como lo demuestra la sentencia
del Tribunal Estatal. Por consiguiente, en el presente
caso, tampoco el Presidente del Reich está obligado
a dejar sin efecto la coacción federal que el Tribunal
Estatal calificó de inconstitucional solo en sus fundamentos y *no en su fallo*, o sea el decreto del 20 de
julio, en tanto invoca el artículo 48, inciso 1. En este
punto, el decreto sigue en vigor y la acción ejecutoria

del mismo como coacción federal en Prusia sigue en pie, aunque el Tribunal Estatal declare en la fundamentación de su sentencia que Prusia no violó ningún deber frente al Reich.

Pero tampoco en relación con la aplicación del artículo 48, inciso 2, el Tribunal Estatal expresó en el fallo de su sentencia que el decreto del 20 de julio es inconstitucional. Más bien, dice: el decreto es "compatible con la Constitución del Reich" y agrega: "en tanto designa comisario del Reich para el Estado Federado de Prusia al canciller del Reich y lo autoriza a sustraerle facultades a los ministros prusianos de forma transitoria para hacerse cargo de las mismas o transferirlas a otras personas designadas comisarios del Reich". Pero esta autorización no debía extenderse a sustraerle al Ministerio Estatal prusiano y a sus miembros la representación del Estado Federado de Prusia en el *Reichstag*, en el *Reichsrat* o frente al Reich en general o frente al *Landtag*, el *Staatsrat* o frente a otros Estados Federados". Por lo visto, se quiere expresar que el decreto del 20 de julio es constitucional, pero lo es solo en parte. Se distingue, en cierto modo, entre una parte constitucional y otra parte que se califica, no de modo directo, pero sí indirectamente de inconstitucional. La posibilidad de entender que una ley o un decreto que se eleva a un Tribunal Constitucional pueda ser en parte constitucional y en parte inconstitucional se puede dar en ciertos casos, en que solo determinadas disposiciones que externamente pueden delimitarse, oraciones individuales o algún término de una ley o un decreto sean incompatibles con la Constitución y puedan separarse del contexto; el resto, en cambio, será constitucional. Distinto es el caso en que la ley o el decreto en su parte externa no permiten que se los descomponga en partes y se las califique jurídicamente de modo diferente, ya que en su totalidad son inconstitucionales, porque en una cierta dirección van más allá de lo que la Constitución permite, y que para ser constitucionales deberían tener un texto distinto, uno que limite su contenido. En este caso, el Tribunal Constitucional no está autorizado para calificar la ley o el decreto como constitucional e inconstitucional por partes.

La diferencia entre estos dos casos es de importancia esencial para la eficacia jurídica de la sentencia. Esta consiste, siempre y cuando la sentencia del Tribunal Constitucional deba tener eficacia jurídica, en la anulación de la norma calificada de inconstitucional, ya sea que la casación tenga lugar directamente por la sentencia misma o por un órgano al que se le encomendó la ejecución de la sentencia con efecto *ex nunc* o *ex tunc*. No existe solo simple *anulabilidad,* sino *nulidad* absoluta *a priori* de la norma inconstitucional, cuando la norma nunca tuvo *validez jurídica* y, por lo tanto, no se requiere acto de autoridad, en particular ninguna sentencia de un Tribunal Constitucional, para declarar la "nulidad", es decir para provocar la anulación. Ya que ni la Constitución del Reich ni la ley sobre el Tribunal Estatal le reconocen a las sentencias de este Tribunal, que dirime conflictos constitucionales según el artículo 19 de la Constitución del Reich, un efecto directo de casación frente a normas generales como la Ley Reglamentaria (del 8 de abril de 1920; RGBL [Boletín Oficial del Reich] p. 510) del artículo 13 de la Constitución del Reich les concede a las decisiones judiciales del Tribunal del Reich, otorgándoles "fuerza de ley", se debería suponer que un decreto que el Tribunal Estatal entiende inconstitucional no queda sin efecto solo por la sentencia, sino recién por un acto del Presidente del Reich, a quien por el artículo 19 le corresponde ejecutar la sentencia. Esto debería tener vigencia especialmente para los actos jurídicos producidos sobre la base de la norma reconocida inconstitucional y a los que la sentencia del Tribunal Estatal no se refiere directamente. Según la opinión dominante, las resoluciones del Tribunal Estatal como la del 25 de octubre son sentencias declarativas que no requieren ejecución y que únicamente declaran la nulidad de la norma considerada inconstitucional. Con eso se expresa, aunque de modo jurídicamente no del todo correcto, que estas sentencias *anulan* la norma que se entiende inconstitucional *con efecto ex tunc*. Sin embargo, no es posible considerar *nulo desde el origen* un decreto como el del 20 de julio dictado por el Presidente del Reich en el marco de su competencia y apoyado en el artículo 48, inciso 2, ejecutado con innumerables actos jurídicos de autoridades del Reich y del Estado Federado. Si es inconstitucional, o sea si alguna parte afirma que es inconstitucional porque en él no se aplicó correctamente el artículo 48, inciso 2, hay que considerar que la Constitución designa en primer término al Presidente del Reich para la aplicación del artículo 48, inciso 2, y por consiguiente para su interpretación, y que su opinión, en la medida en que se exprese en su decreto, es vinculante hasta tanto es declarada inconstitucional por otra instancia, designada por la Constitución para la aplicación e interpretación del artículo 48, inciso 2, como por ejemplo el Tribunal Estatal, y solo por este, no por cualquier otra persona. A menos que se quiera que la sentencia sea superflua, no se puede afirmar que la sentencia del Tribunal Estatal solo constate de modo declarativo la nulidad, ya existente antes de la sentencia, del decreto del Presidente del Reich, si hay que admitir que esta "nulidad" recién con la sentencia ingresa en el ámbito jurídico. Antes de la sentencia solo es una opinión personal, como la emitida por una instancia distinta a la del orden jurídico en el sentido de que una sentencia dictada por un Tribunal no era correcta. Sí hay que admitir que se requiere un acto de una autoridad, que hace falta recurrir al Tribunal Estatal, que debe declarar la inconstitucionalidad para producir la nulidad y que esa "nulidad" solo alcanza hasta donde la constata el Tribunal Estatal. La sentencia con la que el Tribunal Estatal constata la incompatibilidad del decreto del Presidente del Reich con la Constitución, tiene un carácter constitutivo aun cuando tenga efecto *ex tunc*. Constitutivo como todo acto que tiene efecto jurídico y, por eso, es un acto jurídico, del mismo modo que un acto que no tiene efecto jurídico no es un acto jurídico y, además, es superfluo.

Con independencia del efecto que se le conceda a la sentencia del Tribunal Estatal, si se trata de una casación mediata o inmediata del decreto considerado inconstitucional, en cualquier caso esta sentencia debe dar a conocer de modo inequívoco si el decreto en totalidad es inconstitucional y, por lo tanto, es dejado o debe ser dejado sin efecto, o bien, si el Tribunal considera inconstitucional solo una parte del decreto, en ese caso qué parte, es decir, qué artículo, oraciones, palabras del decreto que se anulan o deben anularse y cuáles permanecen o pueden permanecer. Si la inconstitucionalidad del decreto reside en que en totalidad excede un límite trazado por la Constitución, si es que hay que restablecer un estado acorde a la Constitución, y por lo tanto hay que dejar sin efecto el decreto y reemplazarlo por otro con otro texto, entonces la sentencia del Tribunal Estatal debe declarar la inconstitucionalidad del decreto en totalidad para que el Presidente del Reich lo deje sin efecto en su totalidad, o si el decreto debe considerarse anulado *ex tunc* por la sentencia, lo reemplace por otro en el cual, según la opinión del Tribunal Estatal, no se excedan los límites trazados por la Constitución. En el presente caso, si bien el Tribunal Estatal determinó este límite en la parte dispositiva de su sentencia, omitió calificar de inconstitucional el decreto y, para evitar expresarlo, caracterizó la relación del decreto con la Constitución con la fórmula: constitucional en la medida en que..., a pesar de que esa fórmula es totalmente inaplicable, si se tiene en cuenta la interpretación que el Tribunal Estatal expresó, después de algunas vacilaciones, en los fundamentos. Según esta interpretación, el decreto es totalmente inconstitucional, ya que no autoriza al canciller del Reich designado comisario del Reich a "sustraer transitoriamente sus facultades oficiales a los ministros prusianos", sino que lo "autoriza a remover de sus cargos a los miembros del Ministerio Estatal prusiano", a removerlos de modo permanente, según la interpretación del propio Tribunal Estatal, y ya que autoriza al canciller del Reich a sustraerle al Ministerio Estatal prusiano y a sus miembros todas las facultades y, por lo tanto, la autorización se extiende a sustraerle al Ministerio Estatal prusiano y a sus miembros también la representación del Estado Federado de Prusia en el *Reichsrat* o frente al Reich o frente al *Landtag*, el *Staatsrat* o los otros Estados Federados, lo que la sentencia del Tribunal Estatal declara ilícito explícitamente. Que el Tribunal Estatal indique en su sentencia qué contenido debería tener el decreto para ser constitucional puede ser útil políticamente, pero superfluo desde el punto de vista legal. Incluso preocupante, en este caso, porque la sentencia pudo utilizar la fórmula poco apropiada: "compatible con la Constitución del Reich, en la medida en que..." (o sea en parte constitucional, en parte inconstitucional), porque simula que la parte del contenido descripta de un decreto constitucional es la parte constitucional del decreto vigente, sobre el que tiene que pronunciarse. Ya que la sentencia del Tribunal Estatal, por medio de esa fórmula que no responde al estado de cosas, eludió la declaración esencial para su efecto jurídico de que el decreto es inconstitucional, el Presidente del Reich tampoco está obligado a dejar sin efecto su decreto del 20 de julio, si se atiene al texto del fallo, lo que es, estrictamente hablando, no solo su derecho, sino también su deber. Si se supone que es superfluo que el Presidente del Reich revoque el decreto porque ya fue anulado por la sentencia del Tribunal Estatal con efecto *ex tunc* (porque la sentencia "constata la nulidad" del decreto, como se lo expresa), entonces no está nada claro qué debe considerarse "nulo" en el sentido de la sentencia del 25 de octubre. Al parecer, no todo el decreto. O sea solo una parte del mismo. ¿Pero cuál? La sentencia no lo indica, y tampoco podía indicarlo, porque su verdadero sentido, aunque no declarado, es este: que el decreto del 20 de julio sea nulo en su totalidad y otro tenga validez, cuyo contenido el Tribunal Estatal indica en su sentencia, pero que el Presidente del Reich hasta ahora no dictó. Si se quiere concluir, que por la misma sentencia del Tribunal Estatal se establece el estado que éste considera constitucional, y si uno no se conforma en divisar ese estado en la anulación del decreto del 20 de julio, sino en la vigencia de un decreto que corresponda a la interpretación expresada por el Tribunal Estatal, entonces hay que suponer que aquella se transformó automáticamente en esta: una metamorfosis, que no se le nota al texto publicado en el Boletín oficial del Reich (RGBL, por su sigla en alemán) I, p. 377. No es posible leer el contenido del nuevo decreto en el Boletín Oficial del Reich, sino que hay que extraerlo por interpretación a partir de la sentencia del Tribunal Estatal, que no fue publicada en el Boletín Oficial del Reich. Y esta metamorfosis jurídica debería extenderse a los actos jurídicos que tuvieron lugar según el decreto del 20 de julio, a los que no se refiere en absoluto el fallo. Pero con ello se le concedería a la sentencia del Tribunal Estatal, frente a otras normas jurídicas generales, un efecto no solo de casación, sino también reformatorio general, es decir, la capacidad de colocar otro decreto con un contenido determinado por el mismo Tribunal Estatal en el lugar del decreto reconocido como inconstitucional y anulado *ex tunc*. Esta concepción conduce a un derecho reglamentario del Tribunal Estatal que compite con las atribuciones del Presidente del Reich, basadas en el artículo 48, inciso 2. Se sobreentiende que la Constitución no ofrezca ninguna base para ello. Pero se puede sospechar que el Tribunal Estatal, siguiendo la doctrina dominante, espere de su sentencia precisamente ese efecto.

Lo que resulta de la crítica jurídica de la sentencia del Tribunal Estatal es, por lo tanto, poco satisfactorio. Pero sería injusto responsabilizar al Tribunal Estatal exclusivamente o en primera línea. La raíz del mal se encuentra en la deficiencia técnica de la Constitución de Weimar.

Esta creó un sistema federal equilibrado en la distribución de competencias entre el Reich y los Estados Federados, pero no consideró necesario incorporar garantías efectivas para conservar ese sistema. Omitió especialmente establecer una *jurisdicción constitucional* perfeccionada metódicamente. Se advierte claramente en la conformación que el Tribunal Estatal efectivamente adquirió la aversión que la jurisprudencia alemana tuvo desde siempre hacia ese tipo de control

jurídico de la esfera "política", que ella considera
extrajurídica. Las disposiciones que se refieren al
Tribunal Estatal son apenas más que una improvisa-
ción. Las cuestiones técnicamente más importantes,
como por ejemplo, aquellas referidas al efecto de la
sentencia, quedaron sin responder, dando lugar a
las interpretaciones más contradictorias. El defecto
técnico más grave se encuentra en la formulación
del artículo que requiere un control jurídico urgen-
te de su aplicación, si se quiere asegurar el sistema
federal: el artículo 48 y sobre todo su inciso 2. Este
otorga al Presidente del Reich el derecho de tomar
medidas para el restablecimiento de la seguridad y
el orden y el de intervenir en la competencia de los
Estados Federados, sin limitar esa intervención de
forma inequívoca. La determinación de ese límite,
importante y decisiva para toda la estructura de la
Constitución, es trasladada a una ley de ejecución. La
consecuencia de esa técnica jurídica es que, mientras
la ley de ejecución no esté promulgada, en una de
las cuestiones esenciales de la Constitución, como es
hasta qué punto la competencia de un Estado Federado puede ser transferida al Reich, reina una facultad
discrecional sin restricciones en los órganos que deben
aplicar el artículo 48. Seguramente la intención de los
autores de la Constitución de Weimar era restringir
al máximo las medidas que se pudiesen tomar según
el artículo 48, inciso 2, y por lo tanto, la transferencia
de competencias del Estado Federado al Reich. Seguramente no se pensó ni remotamente que a partir del
título de restablecimiento de la seguridad y el orden

públicos pudiera pasar a órganos del Reich toda la competencia del Estado Federado o incluso partes esenciales de la competencia, garantizada por el resto de la Constitución. Seguramente una interpretación acorde con las intenciones del legislador no podría entender otra cosa que funciones de la policía de orden público en el sentido más estricto de la palabra, entre las medidas autorizadas en el artículo 48, inciso 2. Sólo que la Constitución expresa de modo completamente deficiente la intención de sus autores, intención que nunca es posible determinar como se puede hacer con el contenido de un texto legal. E incluso si se puede determinar, no resulta un medio de interpretación excluyente. La Constitución no ha creado ningún tipo de garantías a fin de que solo alcance eficacia jurídica una interpretación restrictiva del artículo 48, inciso 2, y no su interpretación extensiva. Mientras que por medio de una norma legal, que tenga el carácter de una ley constitucional, no se definan los límites dentro de los cuales deban mantenerse las medidas para el restablecimiento de la seguridad y el orden públicos, no se puede excluir la posibilidad legal de un decreto presidencial o de una sentencia del Tribunal Estatal que transfiera competencias de un Estado Federado al Reich en una medida aun mayor que con el decreto del 20 de julio o la sentencia del 25 de octubre y no solamente las de un Estado, sino las de todos los Estados Federados. En tanto la Constitución misma no lo impida, es ella misma la que crea la posibilidad de transformar, por aplicación del artículo 48, inciso 2, el Estado Federal que es el Reich en un Estado unitario. Sería peligroso cerrar los ojos a esa posibilidad y abandonarse a la interpretación "según el sentido" de un artículo de la Constitución, cuyo texto permite dejar sin efecto las disposiciones organizativas más importantes de otros artículos. La sentencia del Tribunal Estatal no deja ningún margen para el optimismo. Más allá de que la interpretación un poco restrictiva que la sentencia realiza del decreto del presidente del Reich tenga vigencia por una sola vez, hay que considerar como fallido el intento de ganar los límites para las medidas del artículo 48, inciso 2, por vía de la interpretación. Porque esos límites no se pueden ganar por la interpretación. Ese límite solo puede ser creado por la medio de una legislación constitucional. Dentro del amplio marco del artículo 48, inciso 2, la interpretación que encuentra expresión en el decreto del 20 de julio no es menos plausible que la del Tribunal Estatal. Nadie va a negar que la primera interpretación merece, en cuanto a política jurídica, prioridad frente a la segunda. Crea una situación radical centralista, aunque posible en materia de técnica administrativa. En cambio, el Tribunal Estatal solo incrementó la confusión de la situación legal con su afán, humanamente comprensible, de un término medio entre la interpretación extensiva del decreto del 20 de julio y la restrictiva del gobierno estatal prusiano. Pero a pesar del justo medio buscado por la sentencia del Tribunal Estatal, la Constitución de Weimar no fue salvada.

www.ingramcontent.com/pod-product-compliance
Lightning Source LLC
Chambersburg PA
CBHW061152220326
41599CB00025B/4458

* 9 7 8 9 5 8 7 7 2 3 5 4 0 *